课题信息：

1.2021年度河南省高等学校青年骨干教师培养计划项目（项目编号：2021GGJS183）

2.2022年度河南省哲学社会科学规划项目（项目编号：2022BTY019）

3.2021年度河南省科技厅科技攻关项目（项目编号：20210230927）

大型体育赛事物流资源协同管理研究

查　金◎著

吉林大学出版社

·长春·

图书在版编目（CIP）数据

大型体育赛事物流资源协同管理研究 / 查金著. ——
长春：吉林大学出版社，2022.6
ISBN 978-7-5768-0959-6

Ⅰ.①大… Ⅱ.①查… Ⅲ.①运动竞赛－物流管理－
研究 Ⅳ.①G808.22

中国版本图书馆CIP数据核字(2022)第200661号

书　　名：大型体育赛事物流资源协同管理研究
　　　　　DAXING TIYU SAISHI WULIU ZIYUAN XIETONG GUANGLI YANJIU

作　　者：查　金
策划编辑：殷丽爽
责任编辑：张宏亮
责任校对：曲　楠
装帧设计：刘　瑜
出版发行：吉林大学出版社
社　　址：长春市人民大街4059号
邮政编码：130021
发行电话：0431-89580028/29/21
网　　址：http://www.jlup.com.cn
电子邮箱：jldxcbs@sina.com
印　　刷：长春市中海彩印厂
开　　本：787mm×1092mm　　1/16
印　　张：13.25
字　　数：220千字
版　　次：2023年8月　第1版
印　　次：2023年8月　第1次
书　　号：ISBN 978-7-5768-0959-6
定　　价：72.00元

前　言

　　近年来，随着商业化进程的加快，世界各国体育赛事的举办规模日趋庞大，观众和运动员数量成倍增长，体育赛事所需物资数量也相应增多。物流作为大型体育赛事运行的"车轮"，各种物流资源相互协同，赛事物流系统的有效运行是赛事有效开展的保障。赛事所需物资和设备、运动员的装备等不断集聚，这也正是赛事组委会和合作的众多物流企业展示其网络、渠道、规模等综合实力的机会。在这种背景下，大型体育赛事的主办方如何整合、利用各种物流资源，实现赛事物流系统的高效运行，从而保障大型体育赛事的顺利进行是本文需要思考和解决的问题。

　　针对以上问题，本文展开了以下几个方面的研究工作：

　　首先，结合目前国内外学术界对体育赛事和物流资源的理解与定义，对大型体育赛事物流资源的内涵进行系统的剖析，给出大型体育赛事物流资源的定义。对大型体育赛事物流资源的特征进行了归纳和总结；从协同学的角度，分析了大型体育赛事物流资源协同管理的机理，提出了大型体育赛事物流资源协同的本质与内涵，构建了大型体育赛事物流资源协同的动因模型，阐述了协同管理的结构和效应。

　　其次，引用美国学者霍尔提出的霍尔三维结构分析法，并进行一定的修改，从内容维、层次维和主体维三个维度对大型体育赛事物流资源协同管理的整体框架进行深入分析。基于动态联盟理论，构建了大型体育赛事物流资源协同管理的动态联盟运行模式。机制的选择同样是协同管理的重要组成部分，因此本文对大型体育赛事物流资源动态联盟协同管理的形成机制、进化机制、运行机制和反馈机制分别进行描述，这四种类型的机制共同作用，相互整合，形成大型体育赛事物流资源动态联盟协同管理的整体机制体系。

再次，综合运用协同学及灰色系统建模方法构建了大型体育赛事物流资源协同演化模型和协同度评价模型，以1996—2012年五届奥运会为例，归纳和比较了五届体育赛事物流资源的投入和使用情况。选取资源协同的状态参量，根据协同学的伺服原理，通过实证分析和计算，确定大型体育赛事物流资源系统的序参量是物流能力资源和物流信息资源两个子系统，而且物流信息资源子系统对整个大型体育赛事物流资源系统的协同度起着关键的作用。

最后，在前面结论的基础上，结合云计算理论，分析了大型体育赛事物流资源协同管理平台的概念、特征、目标，构建了大型体育赛事物流资源协同管理平台。以在天津举办的第十三届全国运动会为例，融入计算机技术，运用赛事物流资源协同管理平台，模拟了赛事过程中一个实体物流的基本服务流程。

在研究中体现了三个创新点：第一，大型体育赛事物流资源的全新理解和资源协同管理的三维模型构建，以及大型体育赛事物流资源动态联盟协同模式的提出。第二，大型体育赛事物流资源协同演化模型和协同度评价模型构建，以及近五届奥运会物流资源系统序参量的确定和系统协同度评价。第三，基于云计算的大型体育赛事物流资源协同管理平台的设计，以及部分物流功能的模拟。

目 录

第1章 绪 论

1.1 研究背景和意义

1.1.1 研究背景

近些年，大型体育赛事的举办规模日益庞大，其影响力也日益增强，多数大型体育赛事已经不单单是竞技体育的范畴，它已成为一种融合多种社会元素，集经济、文化、高科技为一体的体育盛会。现代大型体育赛事举办期间，运动员、观众的数量日趋增多，所需的各种物资数量也相应增加，大规模的人员集聚对主办城市来说是个极大的挑战。兵马未动，粮草先行，各参赛队的运动员、教练员、随队后勤人员，赛事相关的工作人员、新闻记者、志愿者，乃至前来观看体育赛事的各地观众等的衣食住行都是赛事主办方需要面对和解决的问题。体育赛事的顺利举办离不开完善的物流保障系统。近年来，大型体育赛事的物流规划越来越受到赛事主办方的重视，在文献资料中查阅到1996年亚特兰大奥林匹克运动会（以下简称"奥运会"）第一次成立了奥运会物流部，之后每一届奥运会组委会都专门成立物流委员会来保障比赛的顺利进行，以奥运会为代表的大型体育赛事物流系统的有效运行是保障赛事成功举办的前提。例如，2016年里约奥运会当时预计使用两个仓库，总容量超过10 000 m²，提供奥运会所有的后勤需求。预计使用32 000个乒乓球、400个足球、8400个羽毛球、250辆高尔夫球车和54艘船。预计在比赛期间建200多千米的安全围栏，这一长度足以环绕里约南部用于赛艇和皮划艇比赛赛场27圈。此外，里约奥运会还预计使用9辆水上摩托车、14 000支箭，并需要清除7 770千克马粪。所有这些物流工作预计由一个2 000人的物流团队负责，包括运输、登记、记录、管理、分配和交付使用这些物资。里约奥运村是奥运史上规模最大的，奥运村的配件和物品包括约80 000把椅子、70 000张桌子、29 000个床垫、60 000个衣架、6 000个电视机和10 000个智能手机。大型体育赛事物流保障团队通过各种赛事物流资源的相互协同，主办方能够以最低的成本最大限度地调度和利用各方的物流资源，从而提高整个体育赛事物流系统的运作效率和服务水平。

1.1.2　研究意义

（1）丰富和发展大型体育赛事物流资源协同管理的理论

通过查阅大量文献资料发现，以往研究对大型体育赛事物流的概念界定、特征归纳、内容划分的相关研究有很多，对体育赛事物流体系的构建也提出了一些规划，但截至目前，结合协同理论，基于资源的视角对大型体育赛事物流系统进行研究的还是空白。本文力图通过大型体育赛事物流资源协同管理的研究，从理论上分析协同的本质、动因、内容、方法、协同演化及协同度评价，为提高大型体育赛事物流资源的协同能力和主办方的管理绩效、保障体育赛事的顺利进行提供理论指导，具有理论的原创性。

（2）为大型体育赛事主办方赛事物流资源管理的实践提供实施方法

本文基于协同理论，从资源的视角，探究大型体育赛事物流资源协同的理论基础、管理框架、协同模式和协同管理平台，提出的理论与方法将有助于解决大型体育赛事物流资源管理中存在的突出问题，从而促进体育赛事物流资源协同管理的实现，为现代体育赛事物流服务的专业化、社会化与集成化提供理论支持，进而提升大型体育赛事的社会效应和经济效应。

1.2 国内外相关研究综述

本文查阅了相关的国内外研究综述，并对文献进行了分析和归纳，主要包括：大型体育赛事物流的研究、物流资源协同的研究和云计算的研究。

1.2.1 大型体育赛事物流的研究

大型体育赛事物流的研究已在国内外引起越来越多的关注。

1）国外大型体育赛事物流的研究综述

John Masearitolo[1]，作为亚特兰大奥林匹克运动会组织委（以下简称"奥委会"）的项目经理，首次对奥运物流进行研究，在"Logistics at the 1996 Olympic Games"中介绍了国际奥林匹克委员会对物流委员会的部门设置、基本职能、场馆的物流管理等相关内容，整理了一些具体的物流统计数据，列举了在亚特兰大奥运会期间场馆物流活动所遇到的困难和挑战，但缺少对奥运物流的需求预测和规划以及整体物流系统的研究。

Sowinski LaraL[2]在"Going for the Logistics Gold"中介绍了2000年悉尼奥运会物流部门的组织情况，包括如何选择物流供应商，并把信誉作为考核供应商的一项重要指标；探讨了信息技术在奥运会物流中的应用，以及赛事期间物品的配送、仓储等问题。

S.drianopoulos[3]在"Experiences for Olympic logistics planning"中对雅典奥运会物流的情况进行介绍，分析了奥运会物流的特点和规模，对1996年和2000年两届奥运会的物流运作经验进行总结。作者认为奥运物流具有时间上的短暂性和规模上的庞大性两大特点。此外，奥运物流对服务质量，如时间准确性、物品完好性等有很高的要求。作者还提出影响奥运会物流运行的因素包括主办城市的物流环境、地理环境和文化氛围。

（2）国内大型体育赛事物流的研究综述

①大型体育赛事物流概念与特征的研究

中国体育事业发展迅速，越来越多的学者加入对体育赛事物流的研究。梁丹青、贾红毅[4]和任凤香[5]分别在文献《对我国大型体育赛事物流问题的研究》和《物流理论在我国体育赛事中的应用研究》中认为，赛事物流是一个实体流动过程，物流的功能是在赛事期间实现所需的所有赛事相关物品从供应地到需求方的转移。

高旸[6]在文献《探析奥运物流运作在体育赛事中应用的可行性研究》中把奥运物流的概念分为狭义和广义两种，而且对奥运物流研究的范围进行分析。狭义的奥运会物流研究的时间较短，文献把物流活动分为赛前、赛中、赛后三个阶段。广义的奥运物流研究的时间较长，包括在举办前后较长一段时间内所引发的所有物流活动（包括直接和间接的物流活动）。

肖海辉、吴金椿[7]在文献《论在大型体育赛事中物流运作的策略》中扩展了赛事物流研究的内容，把举办赛会所消耗的废弃物、由于赛事引发的旅游业和商业活动等所需的相关物资都纳入了研究的范畴，主办方可以根据体育赛事的实际需求，将采购、仓储、配送、信息处理等基本的物流功能有机地结合在一起，并可以根据具体需求提供相关的延伸服务。

郑启龙在文献《大型综合体育赛事物流运作策略研究》中指出大型综合体育赛事物流，是为满足大型综合体育赛事物资供应的需要，由物流公司提供的，从产品供应地到赛事举办地的物资流通过程及其延伸服务，也包括赛事结束后有序的物资疏散过程，主要涉及赛事所需物资的运输、装卸、搬运、存储以及具体的配送等环节，并根据需求方要求提供的各种延伸和增值服务。

施先亮、张可明认为，体育赛事物流与运动员、观众等人员直接相关，其基本需求项目包括运输、仓储、加工、包装、装卸、配送、信息服务等方面，同时也包括其他延伸服务，并通过预测北京2008年奥运赛事物流需求量，给出北京奥运会赛事物流流程图。在具体的体育赛事物流流程定义方面，王可从系统层、分项层、操作层三个角度进行了设计。

田国伟、邬跃[8]在文献《中国奥委会体育物流理论体系构建》中论述了中国奥委会体育物流理论体系研究的目的与意义、定义和特点，在控制理论、协同理论、复杂系统理论和精益物流理论的基础上构建了中国奥委会体育物流理论体系的基本框架。

夏佐铎、谭亮[9]在文献《北京奥运物流供应链的构建》中对奥运物流供应链的特点进行归纳，认为其具有安全性、需求不确定性、时效性、空间集中性等特点，从物流的角度，构建了包括物流企业、供应商、仓储、配送等一系列功能完备的奥运物流供应链，实现了物流、资金流和信息流的有效结合，从而保障了2008年北京奥运会的成功举办。

张晶晶、邓雪、苏珊[10]在《大型体育赛事物流运作模式探究——以奥运会为例》中对大型体育赛事物流服务特征、服务需求复杂性和服务时间阶段性三个特征进行分析。作者指出大型赛事物流单一的企业物流运作更为复杂。不同学者对大型体育赛事物流概念的界定还有很多，但归纳起来以下几个共同点：具有周期性和流动性特征；基本功能涵盖了运输、仓储、装卸、搬运、包装、配送、信息处理。

②大型体育赛事物流运作模式的研究

张彩霞[11]在《奥运物流系统研究——利用SCOR模型对北京奥运物流分析》中运用SCOR模型（Supply-chain operations reference-model，供应链运作参考模型）来分析奥运物流，根据奥运物流的特征把奥运物流分为四个层次：整体规划、核心流程层、配置层和分解层，并在此基础上构建了奥运物流SCOR模型，根据核心流程层的内容构建了奥运物流绩效评价体系，并把安全性、技术适用性和绿色性等因素纳入了奥运物流绩效评价体系，文章结合层次分析法提出了指标体系的具体实施方法。

张文杰等人[12]在《2008年北京奥运物流规划的必要性分析》中分析了奥运物流规划的必要性，归纳了奥运物流的特点、分析了奥运物流需求和物流管理模式，并构建了奥运物流的组织体系。

温卫娟[13]结合物流运作模式和我国第三方物流企业现状以及北京市

物流基础设施现状，尝试将2008年北京奥运与物流运作模式结合起来，提出我国奥运会物流的运作模式。

郑重[14]主要是对奥运物流外包模式进行了分析，借鉴亚特兰大奥运会、悉尼奥运会及雅典奥运会的成功运作经验，根据北京奥运会的主题和我国的物流发展现状分析了我国奥运会的物流外包方式。

黄丽娟[15]也对奥运物流的概念进行了界定，阐述了奥运物流模式的理论和实践应用，在此基础上针对北京奥运会物流模式及策略提出了一些具体的建议。孙晋海[16]提出奥运物流服务主体运作模式原则上可以采取市场化外包模式。他还指出自营模式根本不适合奥运会物流服务，原因是奥运会的举办方不是特定的企业，而是官方的一种行为，具有一定的政治色彩。目前的分为总包和分包两种。由于中国的物流服务发展还不够成熟，因此 2008 年北京奥运会的物流服务选择了分包模式，将赛事举办之前、中和后期的回收承包给了多个物流服务商。

文雯[17]在《大型体育赛事物流及其第三方物流服务商评价选择问题研究》中创新性地运用模糊综合评价法对大型体育赛事物流服务商进行评价，构建了大型体育赛事第三方物流服务商的评价模型，推动了大型体育赛事物流研究的规范化和科学化迈出了关键的一步。

郑启龙在文献《大型综合体育赛事物流运作策略研究》中指出大型综合体育赛事物流运作模式主要适用以下五种。a. 自营模式。赛事组织者或承办者组建自己的物流服务机构，自己制定物流配送计划，利用自己的物流设施和资源条件，进行自主经营运作。b. 链式模式。物流企业为客户提供具有较高集成度和一体化较强的物流服务。该模式的内容涵盖广，地理跨度大，强调各个环节的有效衔接，能够将供应链的大部分物流环节涵盖在内，并提供延伸服务，非常适合于大型综合体育赛事。c. 网络模式。该模式充分利用网络资源优势，多个物流企业之间展开合作，将物流供应链上不同的物流企业整合在一起，物流企业之间信息共享、风险共担，充分发挥每个企业的竞争优势，提高物流运作效率。d. 联盟模式。联盟是一种松散型组织，企业间形成相对稳定的契约关系。以物流为合作基础的战略联盟，基于信息网络平台，整合能力资源、客户资源和信息资源，实现共同利益最大化，提高抵抗风险能力。e. 缝隙模式。一些规模较少的物流公司，物流服务设施投入较少，能够为客户提供差异化的物流服务。特点是在特定服务领域具有稀缺性优势，可以填补大型物流公司留下的市场空白。大型综合体育赛事所需物资较多，对于一些偶发性或专用设备的物流服务，选择缝隙模式更有保障。

1.2.2 物流资源协同管理的研究

近年来，随着物流业的发展，对物流协同理论与方法的研究逐渐增多。本文对物流系统协同、供应链协同、物流资源选择模式、协同度测度相关理论进行归纳和分析。

（1）物流系统协同的研究

曾文涛[18]在文献《协同理论与系统物流管理》中阐述了协同理论、自组织概念，对协同物流管理的概念进行界定，归纳了协同物流管理的特点，并详细描述了协同物流管理的具体实施步骤。文章指出，战略管理协同强调的是一种整体效应，单个子系统或子系统的总和并不能产生这种效应，因此在物流管理中应体现出系统各个子系统相互影响、相互促进的整体性特征。作者指出物流系统是一个开放式系统，系统内部内部各个子系统即是相互独立又是相互作用的，只有基于协同学的"自组织"原理才能使这些相互独立的子系统之间进行协同工作，从而实现物流系统的有效运行。因此，曾文涛认为协同学的"自组织"原理是研究协同物流管理的理论基础。

宁方华[19]对物流网络的协同度进行研究，应用了熵理论，提出了协同物流网络结构熵与运行熵的综合分析方法。鄢飞[20]在文章《物流服务供应链的协同机理研究》中系统性的构建了LSSC（logistics service supply chain，物流服务供应链）协同概念体系，全方位探讨了LSSC协同概念，从协同的动态发展角度，构建了LSSC协同机理体系，并借鉴种群生态学的思想，对LSSC的协同生长过程进行类比分析，提出了三种LSSC协同运行模式并构建协同运作模型。舒辉、钟杰[21]在《基于学习竞争模型的集成化物流系统协同演化》中提出了集成化物流，作者研究了集成化物流系统的演化过程和演化机理，认为企业在激烈的市场竞争中不同的行为选择和不同的企业文化倾向会使企业在集成化物流系统中的地位存在显著差异。

刘新生、李群峰[22]在《物流系统运行机制分析》中基于实物流和信息流两个方面对物流的具体流程进行分析，强调物流系统运行在很大程度上受政府政策的影响，因此物流系统的各个子系统要在政府政策指导下，从实际需求出发才能提高良好的物流服务，从而最终实现系统低成本、高效率的目标。

李靖、张永安[23]在《基于协同学序参量概念的物流网络管理研究》中通过对物流网络协同的序参量分析，确定了协同管理的重点，详细阐述了物流网络内部序参量的基本维度构造、热力学方程、演化路径和协同管理模型。张丹羽、王千[24]对物流协同信息平台的概念进行界定，文章运用最新的"J2EE系统架构"技术对协同信息平台进行分析，介绍了在MVC（model view controller，模型视图控制器）体系下如何把struts应用到web层框架中。

在国外的相关文献中，Kenth Lumsden，Gunnar Stepansson，Bernbard Tilanus[25]的"Collaboration in Logistics"对物流链的概念进行界定，认为物流系统包括采购物流、生产物流和销售物流。

2）供应链协同的研究

20世纪90年代中期，供应链协同理论得到广泛推广，出现了很多协同管理新理念，包括协同规划理论、供应商管理库存（vendor managed lnventory，VMI）理论、预测与补给（collaborative planning forecasting and replenshment，CPFR）理论、持续补给（continuous replenishment，CR）理论等。黄晓伟[26]的《基于自组织理论的供应链资源协同研究》在协同学、经济学、系统动力学等理论基础上，从资源协同的视角，提出了供应链资源协同的概念，对协同的类型进行归纳，并研究了供应链资源协同的效应和机制，对供应链资源要素的相互作用进行了分析并构建了要素相互作用模型和供应链资源的自组织演化模型，通过实证对资源系统协同程度进行测度，进一步丰富和完善了供应链协同管理理论，为指导企业实现资源协同提供了理论基础和实现途径。

孙华、胡金焱、丁荣贵[27]在文章《供应链协同契约机制研究现状与走向》中，首先对现有的不确定性环境下，供应链协同机制的相关研究进行了综述，从信息共享价值研究、信息共享激励契约机制研究、信息不确定性表达研究3个方面对现有研究进行分析，最后从4个方面指出在信息不确定性环境下，供应链协同契约激励机制的未来研究方向。

陆杉[28]在文章《基于关系资本和互动学习的供应链协同研究》中通过关系资本和互动学习两个视角构建了供应链协同性的测度模型，并进行了实证分析。作者采用多专家共同评估的群组决策方法对模型的指标进行赋权，结合专家聚类赋权法和比例赋权法，计算各子系统的有序度，求出系统协同度。通过实证对该指标体系和模型的有效性和实用性进行论证。

在国外的相关文献中，Bernhard J. Angethofer，Marios C. Angelide[29]在文献"A model and a Performance measurement system for collaborative supply chains"中，分析了影响供应链协同的关键因素，通过对他们的评价和预测来观察当这些关键因素发生变化时对供应链协同产生的影响是什么，针对可以完善的地方提出相应的对策建议，从而提高供应链的整体运作效率。作者指出合作成员可以维持一定的个性化，但必须在业务目标、具体运作等方面与供应链合作企业保持紧密合作。合作水平的高低直接影响着供应链的集成控制、信息的传递、预测的准确度，从而降低企业的缺货风险。

Foster Fiuley，sanjay Srikanth[30]认为企业需要满足以下要求才能实现协同：首先被预测有收益是协同产生的前提；其次供应链合作企业要始终把共同目标作为企业的发展目标。协同企业可以通过合适的运作模式强化战略联盟；供应链企业之间需求信息共享，这对缩短供应链整体响应时间和提高协同绩效是非常关键的。

Kenneth J. Petersen，Gary L. Ragatz，Robert M. Monczka[31]在其文献中指出，多数企业和组织获取竞争优势的主要途径是通过整合供应商的供应链流程，这就要求企业与供应商之间实现各个层面的合作（具体包括战略层、协调层、操作层）。作者还指出供应链企业提高彼此间的信息分享就必须运用先进的信息技术。研究表明企业间信任水平和信息质量两个因素对协同计划起关键作用。

（3）物流资源选择模式的研究

Chee Yew Wong，John Jobansen，Hans-Henrik kvolby[32]分别从不同的理论角度对协同的定义进行概括，分析了目前企业协同存在的问题，影响企业协同各因素之间的因果关系，就如何促成企业协同等方面进行了详细的分析和描述。Shoshanah cohen等[33]在文献中对企业协同的层次进行划分，具体分为事务协同、合同协同、协调协同和同步协同，从前到后随着协同程度越高，协同的难度越大。

第三方物流是物流资源整合的一个典型，并且已经取得了成功的应用。但是，第三方物流必须具有一定的规模，这种整合方式并不适用于众多中小物流企业，因为尽管中小企业是第三方物流企业，但由于规模小、业务单一，很难实现范围优势和规模优势。刘联辉等[34]总结了中小型制造企业物流资源整合的途径，包括供应商管理库存（VMI）、联合采购、与供应商联合库存以及共同配送等。

（4）协同度测度的研究

国内外学者近年来从不同视角对复杂系统的协同度进行了研究，提出了不同的协同度评价方法。国外学者Ensign[35]（2001）认为"匹配"是企业关键性决策的内部一致性战略与内外部环境间合作的一致的统一。作者从组织设计的角度出发研究了企业战略、企业环境与组织间的匹配性问题。CS Koberg[36]（2003）运用5分法对设计的8个问题进行打分，对企业内部的协同机制进行测度。

国内学者主要是对经济系统、科技系统、环境系统、城市生态系统等复杂系统进行研究。从不同的学科和角度对影响复杂系统协同的要素进行分析，对系统协同度的测度理论和模型开展不同层面的探讨和研究。都英与胡剑芬[37]（2005）对企业的生存系统进行了描述，结合协同学理论构建了企业生存系统的协调度模型。许学国、邱一祥等[38]（2005）从系统动力学的角度出发，运用协同学理论对企业组织系统学习的协同性进行了描述，可以通过对组织系统的学习状态及时判断，及时针对企业组织系统学习中的不协同现象采取相关措施，通过实证研究对企业相关组织系统学习的协同性进行计算和分析。

钟念等[39]（2006）研究信息产业在GDP增长中的协同效用，作者选取了我国1991至2003年间信息产业数据，运用时间序列经济计量方法进行了实证研究。

史宝娟等[40]（2007）结合协同学理论对黑色金属冶炼及压延加工业系统进行分析，在此基础上构建了系统内部子系统的有序度模型和系统协同度模型，并通过实证进行分析和验证。

1.2.3 云计算的研究

（1）云计算的研究

欧美发达国家对云计算技术的研究已经比较成熟，而且应用也非常广泛。AT&T公司在2008年推出了AT&T Synaptic Hosting服务；Verizon公司在2009年提出了CaaS服务。美国4家IT公司：亚马逊、谷歌、Salesforce.com、IBM在云计算方面的研究与应用方面都取得了显著的成绩，谷歌公司的分布式文件系统、分布式的锁机制以及分布式数据库，发展到目前已经非常成熟（如图1-1所示）。亚马逊的网络服务平台具有简单的队列服务和存储服务[41-45]。

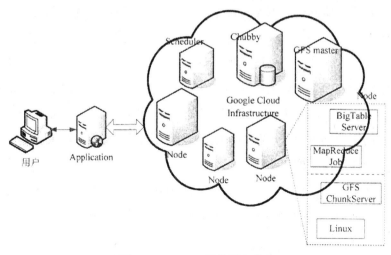

图1-1 Google云计算服务技术

Salesforce.com公司研发的客户关系管理系统（customer relationship management，CRM），使用者可以通过这款软件分析出自身企业的特征和发展前景，还能挖掘潜在的客户群，根据客户需求为客户设计较为合理的服务，从而有效地提高了软件使用客户的满意度。

清华大学的张尧学教授等提出了与云计算中的IaaS的构想基本一致的透明计算平台。阿里巴巴作为国内知名的电商，创新性地提出了商业云模式；中兴、华为等网络设备的供应商或IT公司，也已经在通信领域做出了很多的探索与创新，为我国云计算理论的发展和应用研究做出了非常大的贡献。

（2）云物流的研究

目前国内研究云物流的学者有很多，对云物流概念的表述又有所区别。陈平（2011）[46]认为云物流是运用物流云计算服务平台，依靠大规模的云计算处理能力、灵活的业务覆盖、智能的决策支持、标准的作业流程、精确的环节控制和深入的信息共享，为物流枢纽中心、物流企业、综合型企业的物流部门提供完整的解决方案。

张明、刘晖、张秀芬、朱卫锋（2011）[47]对云物流的概念进行了归纳，认为云物流就是在云计算的基础上构建的一种可以连接线上商流和线下物流，并同时满足多方主体物流信息要求的信息平台（包括政府、企业、普通用户等）。平台主要应用于电子商务，而且平台的核心技术是对信息的采集、处理和传输。

任永贵（2012）[48]也对云物流的概念进行了研究，此外还列举了云物流的优势以及研究的重大意义，并把云物流应用于我国的电子商务中，认为其应用可以在较大程度上降低企业成本、加快资金周转、提供库存利用率。蔡国平（2011）[49]分析了配送企业的业务流程，指出了当前存在的一系列问题，结合云计算理论，探索性地构建了物流配送中心的云计算平台。

张方风、李俊蹈、刘丙午（2011）[50]对物流公共信息平台进行研究，从需求的角度对云计算的特征进行总结和归纳，运用云计算理论，构建了物流公共信息平台。郭石军、卿太平、罗挺（2011）[51]运用云计算理论，在物联网智能物流系统方面做了深入研究，并构建了系统的架构以及系统的运作框架。

学者俞华锋（2010）[52]在研究中主要是通过基础设施服务、云联邦服务和云计算的平台服务三个层面构建了云物流信息平台。杨军、周道明、张明（2011）[53]从安全的角度对云物流平台的应用展开了研究。

1.2.4 研究现状评述

（1）关于大型体育赛事物流的研究

从查阅到的文献资料可以看到，国内外学者重点研究奥运物流，尤其是26届、27届、28届奥运会物流，其中关于1996年亚特兰大奥运会和2000年的悉尼奥运会的研究成果具有很高的参考价值。研究内容包括奥运物流的阶段性划分、具体运作流程。从现有的文献资料来看，并没有对大型体育赛事物流资源概念的界定，缺乏赛事物流的系统分析，更没有对赛事物流的运作模式进行深入分析。在相关资料研究中，基本未见有价值的定量分析方面的研究。

（2）关于物流资源协同管理的研究

文献资料中对协同物流的方式、协同的机制和协同的选择模式较多，研究多停留在概念阶段。目前对协同机制与资源整合的研究缺乏在一定机制和整合模式下实际运行操作的科学化方法，因而难以实践运用。目前，学术界对协同度的研究主要通过定性或半定量的方法从不同角度对复杂系统的协同程度或匹配程度进行分析和计算，这些方法为研究提供了有益借鉴，但由于资料的有限性，许多指标的选取或赋值过于主观，多以定性分析为主，这样容易受作者的主观影响。协同性测度的研究对象大多是较为宏观的复杂系统，如教育、经济、环境或产业系统等。大型体育赛事物流资源系统的研究属于微观层面，主要是理论研究为主，对于系统协同度研究还处于空白。这些理论如何切合实际地应用到大型体育赛物流行业中，如何让体育物流资源系统的各子系统处于一种有序的状态，自主、自治、自利、相互"默契"地协同工作，这方面的研究有待继续深入。

（3）关于云计算的研究

与国外相比，国内对云计算理论的研究较为落后，多是从国外学习和模仿过来的。对"云物流"信息平台的研究还仅仅是提出了概念和对功能的归纳与分析阶段。在国内外大型体育赛事物流信息的研究中，没有查阅到任何关于云计算的应用研究。

1.3 论文研究目标与研究内容

1.3.1 研究目标

对大型体育赛事物流资源协同管理进行研究，力求达到以下目标：

①在对大型体育赛事物流和物流资源的理解与分析的基础上，对大型体育赛事物流资源的概念进行界定，并对资源特征、构成因素进行分析；

②对大型体育赛事物流资源协同管理的三维结构进行全面的分析，探

寻资源协同的模式和机制；

③基于协同理论，建立大型体育赛事物流资源协同模型，提取系统的序参量，对大型体育赛事资源系统的协同度进行分析，探寻各子系统的演变规律；

④基于云计算理论，运用计算机技术构建大型体育赛事物流资源协同管理平台。

1.3.2 研究内容

第1章 绪论。主要分析论文选题的研究背景和意义，对大型赛事物流资源协同的国内外研究现状和成果进行综述，并在此基础上提出了本文的研究方法、研究内容和技术路线。

第2章 大型体育赛事物流资源协同管理的理论基础研究。具体对协同学理论、物流理念的演变和云计算理论进行了描述，为本文后面的深入研究打下了坚实的理论基础。

第3章 大型体育赛事物流资源协同管理的机理分析。分别对大型体育赛事物流资源、资源协同的内涵进行界定，在此基础上归纳了赛事资源的特征，分析了协同管理的动因、结构和协同效应。

第4章 大型体育赛事物流资源动态联盟协同管理研究。运用霍尔三维分析法分别从内容维、层次维和主体维三个角度对大型体育赛事物流活动进行描述；结合动态联盟理论构建大型体育赛事物流资源协同管理的运作模式；总结了大型体育赛事物流资源动态联盟协同管理模式的机制体系。

第5章 构建了大型体育赛事物流资源协同演化模型和协同度评价模型。对1996—2012年五届奥运会物流资源的协同情况进行对比与分析，运用协同演化模型提取每届奥运会物流资源系统的序参量，并通过协同度评价模型得出系统的协同度。

第6章 构建大型体育赛事物流资源协同管理平台。运用云计算理论，分析了平台的设计目标、特征，构建了协同管理平台的框架和技术；以下一届天津全运会为例，进行了部分物流功能的模拟。

第7章 总结了主要的研究结论，明确本文的三个创新点，并针对研究过程中的不足和局限性提出进一步研究的方向。

1.4　研究方法和技术路线

1.4.1　研究方法

采用的研究方法主要有以下几种：

（1）文献资料法

文献资料法是博士论文工作的一种主要方法，通过对大量文献的查阅、收集和整理能够更全面、更深入地理解和掌握所要研究的问题。从选题到整体框架的形成，很大程度上是基于很多优秀学者相关的研究成果。数学模型和系统的指标选取都是在已有研究成果的基础上进一步的改进。

（2）系统分析方法

大型体育赛事物流资源系统作为一个复杂的系统工程，任何一个子系统的改变都可能引起整个系统的变化。系统分析方法是在内外因素影响的前提下对系统进行全面分析与判断，从而寻找到最优方案的一种决策方法。

（3）定性分析法和定量分析法相结合

本文对大型体育赛事物流资源协同的理论基础、协同的机理、协同管理模式、机制体系等进行定性分析，运用协同演化模型和协同度评价模型对体育赛事物流资源系统的状态参量进行分析，提取系统的序参量，并对系统的协同度进行计算和评价。

1.4.2 技术路线

本文的技术路线如图1-2所示。

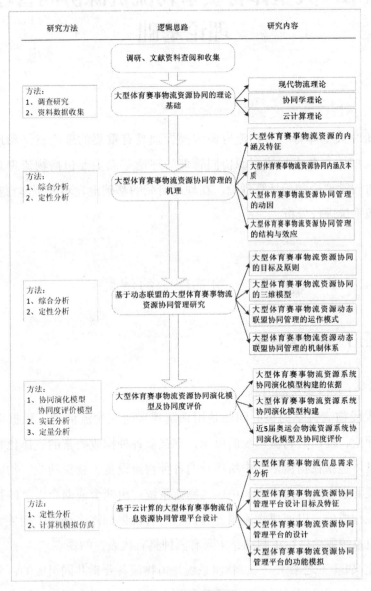

图1-2 技术路线图

第2章　大型体育赛事物流资源协同管理的理论基础

研究大型体育赛事物流资源协同管理具有重要的理论意义和现实意义。大型体育赛事物流资源协同管理的理论基础主要包括物流理念的演变、协同学理论和云计算理论。在理论研究的基础上，对大型体育赛事物流资源系统进行分析。

2.1　物流理念的演变

2.1.1　物流系统论

（1）物流系统的内涵

现代物流科学的核心问题是用系统观来研究物流活动。根据系统管理学理论，提出的物流系统的概念，它强调各种构成要素的整体化和系统化，具体包括在物流活动中所涉及的各种物流设备、物流功能、物流信息等组成要素。《物流术语》中认为物流系统：由两个或两个以上的物流功能单元构成的，以完成物流服务为目的的有机集合体。查阅了相关文献，对物流系统概念进行了归纳，主要有两种具有代表性的观点。

定义1（王之泰）[54]：物流系统是由物流各要素共同组成的，系统内部各要素之间是相互联系的，是具有使物流总体功能合理化、最大化的综合体。

定义2（张文杰）[55]：物流系统是随着采购、生产、销售等一系列活动而发生的，强调在企业活动中的各种物流功能，其目的是使物资的流通效率得到提升。可以分为作业系统和信息系统两个子系统。

王之泰对物流系统概念的界定被国内各种著作和教材引用较多，张文杰对物流系统的定义也在不同的研究中被引用过。目前，对于物流系统的概念，学术界并没有达成一个统一的认识，而且表述的过于宽泛，尤其是对系统构成和相互关系的划分也不是很清晰，但从总体上进行分析会发现，不同定义的几个本质特点基本上还是相一致的。

①物流系统设计要合理化，系统各要素、各功能要共同实现实物的流动，系统的最终目标是要根据客户的需求，保质保量地将指定的物品准时地送到客户的指定地点。

②作为一个复杂系统，物流系统的跨度很大，主要表现在地域跨度大和时间跨度大两个方面。

③物流系统的结构和功能不是一成不变的，应根据外部环境的变化进行不断地调整。

④物流系统具有可分性，可以被分解成若干个子系统。各子系统不是孤立存在的，而是相互联系、相互影响和相互制约的。系统内部一个子系统的变化就可能导致其内部其他子系统发生变化，进而导致整个物流系统发生变化。

⑤物流系统内部的各要素之间存在非常强的"背反"现象，称之为"交替损益"或"效益悖反"现象。如果处理不好会导致系统恶性发展。

（2）物流系统的描述方法

何明坷[56]认为物流系统要素分为流动要素、资源要素和网络要素三种要素。王之泰把物流系统的要素分为四类，即功能要素、一般要素、支持要素和物质基础要素。其中，功能要素主要分为运输、配送、包装、装卸搬运、储存保管、流通加工、物流信息；一般要素又分为三类，即资本要素、劳动者要素和物的要素；支持要素分为体制、制度、法律、规章、行政、命令；物质基础要素分为物流设施、物流装备、物流工具、信息技术和网络。王之泰的这种分类方法不仅可以掌握物流的一般属性，而且有助于认识和理解整个物流系统，但可能不适合用于具体分析一个物流系统，原因在于这种分类方法对系统功能的描述过于抽象。

物流系统按照功能模块进行分析是较常见的物流系统分析方法，这种分类方法与现实中的物流部门或企业的物流职能划分基本相似。物流系统分析、优化、协调与运作的基础都是将"物流按照其功能分为运输、储存、装卸、搬运、包装、流通加工、配送、信息处理"[57]。这种分类方法能够清楚地体现出物流当中的效益悖反现象，便于对物流系统进行集成与优化。物流系统是一个完整系统，这种将系统划分为各个子系统的研究方法虽然可以对各子系统进行详细、全面的分析，但同时往往忽略了系统的整体性，容易出现各子系统得到优化而整个系统的优化无法实现。

物流系统控制论。控制理论是根据系统的运行状态制定相应的控制策略，并借助反馈方法提高系统稳定性，使系统工作在最佳状态。将控制理论应用于物流系统称为物流系统控制论，是把物流视作一个被调节和控制的对象。大型综合体育赛事物流运用物流系统控制论，主要用于解决外部环境和内部因素对系统的影响，通过反馈提高系统效率。

复杂系统理论。复杂系统理论认为系统内部诸要素的和谐共生是系统发展的动力，是对系统科学的深化，用于揭示难以用现有科学方法解释的动力学行为。大型综合体育赛事物流系统，既是复杂的经济问题，也是有重要影响的社会问题，运用复杂的系统理论，便于从整体上把握物流本身各要素的联系，通过成本、质量和柔性管理增强适应性。

2.1.2 物流管理理论的演变

（1）实物分销时期

截止到20世纪60年代，虽然人们仍然对物流的主体脉络不是很清晰，但对物流的思考已经不再感性。德鲁克先生作为当今的"管理学之父"[58]，第一次提出了"实物分销"（physical distribution）这个词，它的出现标志着"物流"这一概念在20世纪初已经逐渐显露，但他同时指出，实物分销是"经济界的一块黑色区域"。从目前的研究成果中对物流的理解来看，德鲁克先生提出的"physical distribution"我们可以把它理解为传统物流。

（2）现代物流时期

1986年美国物流管理协会（National Council of Physical Distribution Management，NCPDM）更名为"CLM"，即The Council of Logistic Management。此外，美国物流管理协会认为"Physical Distribution"的研究领域较为狭窄，正式用"Logistics"替代了"Physical Distribution"[59]。马士华（2003）[60]认为，物流概念由"physical Distribution"到"Logistics"的转变象征着完成了从传统物流到现代物流管理的转变。此后，"Logistics"一般是指企业之间的物流管理，而不单单是传统物流中的"物资配送"。"Logistics"被很多学者称为现代物流。

（3）协同物流时期

协同物流更关注物流信息服务，强调物流信息与上下游企业（如物流商、制造商、销售商等）的信息共享与协同，而不只是关注物流系统的成本；协同物流更加强调与企业商务系统的融合，通过协同形成以物流企业为核心的商务大系统，从而使商流、信息流、物流、资金流的集成成为可能，而不单单是物流系统简单地与生产、采购、营销系统的集成；协同物流的采购与营销更强调多方协作而不仅仅是单向的买卖与配送关系，协同物流注重协调与物流商、销售物流商的关系，同时考虑物流商和销售物流商的利益，做到真正意义上的高度协同，实现共赢[61-63]。

大型综合体育赛事物流运作达到预期目标，物流应用理论非常重要。该理论包括三方面内容：第一，物流管理理论，基于管理学的基本原理和科学方法，用于供应链管理和物流运作一体化等方面的理论；第二，物流技术理论，应用于库存控制、运输优化和流通加工等方面的理论；第三，物流工程理论，应用于物流系统规划设计、基础设施建设和资源优化配置等方面的理论。

2.2 协同学理论

20世纪60年代，安索夫（Ansoff）[64]作为美国著名战略管理学家从企业的视角界定了协同的概念，他在《公司战略》一书中指出协同就是强调企业各业务部门或单元通过相互之间的协作，使企业整体的价值超出各个部门或单元价值的简单加总，即所谓的"1+1>2"。作者对协同下的定义是"各要素或各子系统之间通过相互配合、协作、促进，最终实现系统总体演进的目标，进而使各子系统形成良性循环的演进态势"。

协同学是20世纪70年代初联邦德国理论物理学家Haken教授[65]创立的，他认为协同强调的是系统内部各个子系统的相互协作与配合，从而促使整个系统发展为一种新的系统结构和特征，而这种新的结构和特征是在任何微观个体层次所不具备的。

作为一门综合性学科，协同学主要研究的是系统从一种低级无序的状态到一种高级有序的演化规律，是在系统论、控制论和信息论的基础上发展建立起来的。协同理论是系统科学的重要分支，借鉴结构耗散理论，通过与周围相关系统的作用，实现由微观到宏观过渡，最终形成有序化的结构，产生协同效应。对协同学基本原理的掌握，有助于我们厘清协同学与其他学科之间的关系，从协同学的视角来研究各企业间的合作、协作或协同的相关问题。目前协同学被广泛运用到经济学、社会学、管理学、生物学、物理学等很多领域。大型综合体育赛事物流运作是一个含有诸多要素和诸多子系统的开放性大系统，呈现出多样化、复杂化和系统化的发展趋势，需要供应链协同理论进行协调，使物流处于有序状态。

2.2.1 协同学的基本原理

协同学由序参量原理、不稳定原理和役使原理三大基本原理构成。少数序参量决定着系统的自组织过程，涨落作为主要诱因，使得各个子系统之间的一种非线性相互作用的关联逐渐增大，从而在整个系统的演化过程中起着关键作用，并促使序参量形成和新的有序结构的产生，从而引起系统的不断演化。

（1）序参量原理

序参量是协同学中最重要的概念，哈肯的协同理论中指出，序参量是描述系统整体行为的宏观参量，形成于系统内部，在系统演化过程中从无到有，并指示新的系统结构的形成。当系统处于无序状态时没有形成序参量，系统内部各子系统相互独立，彼此间没有合作；当系统的演变接近临界点时，系统内部各子系统之间有可能产生合作，通过相互的协同，促使产生系统序参量，成为决定系统演化的决定因素，序参量演化过程见图2-1所示。

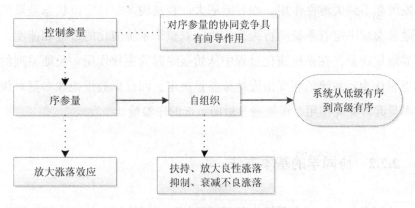

图2-1 系统序参量演化过程图

（2）不稳定原理

协同学从某种意义上讲是研究复杂系统不稳定性的理论与方法。协同学承认不稳定性对系统的演化起着积极的作用。不稳定性与系统的有序演化是息息相关的，而且在系统新旧结构的变化当中充当着媒介的角色，具体过程见图2-2所示。

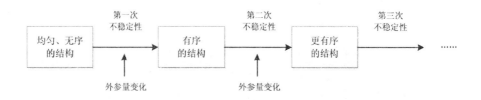

图2-2 系统结构不稳定演化图

（3）役使原理

役使原理（slaving principle），协同学的特有名词，又称为"支配原理、伺服原理"。外部参量的发展变化会导致一个远离平衡态的开放系统达到某个临界点，这个时候，整合系统的结构或状态就会失去平衡，系统内部发生剧烈的变化，各个子系统及其参量在系统内部的作用、能量、地位也发生变化，形成两类不同性质的系统参量：快弛豫参量和慢弛豫参量。稳定模状态是当系统的快弛豫参量仅在短时间内起作用，而且对系统的发展起不到关键性作用，临界阻尼大，衰减快。非稳定模状态是系统的慢弛豫参量决定着系统的行为，它决定着整个系统演化的过程和速度，无临界阻尼现象，在系统演化过程中从始至终起着主导作用。役征原理的基本思想认为：系统的相变由慢弛豫参量决定，而且少数慢弛豫参量对快弛豫参量起着支配作用，慢弛豫参量即系统的序参量。

2.2.2　协同学的基本方法

协同学是一门研究系统中各子系统如何通过协调合作产生新的结构的综合性方法，协同学主要从总体上对研究对象进行分析，协同学一般分为以下几个步骤来处理问题：第一，要把研究的问题转化为数学问题，转化的方式一般是构建系统的数学模型；第二，对系统的众多状态参量进行线性的稳定性分析，确定稳定模式与不稳定模式的临界值；第三步，运用协同学的伺服原理，得到系统的序参量，构建系统演化的序参量模型；最后一步，分析和求解序参量模型，并通过实证检验模型的正确性。

2.3　云计算理论

2007年3月，云计算的概念和理论首次被亚马逊提出，目前已经成为较为热门的计算机技术，但学术界对云计算概念的争论一直延续到现在，截至目前，还没有一个统一的概念。从资源的角度来讲，云计算是一个数据中心或虚拟的资源池，基础是构建在服务器和大量物理计算机上面的，能够为用户提供一个资源共享平台，具体包括信息资源、网络资源、计算资源、存储资源等；从服务的角度来讲，云计算可以称作是一种新型的服务模式，可以整合各种硬件资源和软件资源，用户可以通过互联网选择自己需要的信息服务，而不需要拥有各种资源；从技术的角度来讲，云计算是一种商业化的计算模式，是各种计算（包括分布式计算、虚拟化计算、网格计算等）方式的集成和演进。如果用较为通俗的表述方法，云计算技术就像生活中在家里使用的水、电、天然气，当需要的时候，我们只需要打开水龙头的开关就可以随时方便地使用，而不需要自己去修建一个管道或电路[66]。

2.3.1　云计算的体系结构

从用户的角度来看，云计算就是一种拥有强大计算资源的云，用户只需要根据自己的需要，连接到网络中的云，就可以动态地使用所需的资源，按照付费标准进行付费。云计算有其自己的组成和结构，根据现有的文献对其体系进行归纳[67]，具体见图2-3所示。

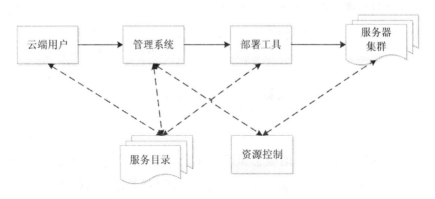

图2-3　云计算的体系结构

云服务端：用户通过云计算的服务界面进行入口登录，通过浏览器完成用户注册、登录，在获得权限（通过付费或其他方式）后，在服务目录提出服务请求，进行服务选择、定制或退订等操作。这个操作过程比较简单，和用户在本地操作的桌面系统是一样的。

管理系统和部署工具：主要是为用户提供各种授权、认证和登录管理，以及各种云计算资源的管理，对云服务端发送过来的用户请求进行分析和部署。

监控：实时监控和计算云系统中用户对各种资源的动态使用情况，并根据用户需求及时、准确地反应，同时要同步完成云计算中各个节点的配置和资源的动态监控，以保障用户能够及时地使用资源。

服务器集群：主要是对管理系统进行管理，数据存储以及处理各种用户请求，服务器集群主要是由各种虚拟的或物理的服务器构成。

云计算的三个服务层次包括：IaaS（基础设施即服务）、PaaS（平台即服务)和SaaS（软件即服务），每个服务层次提供的服务类型都是不相同的，见图2-4所示。

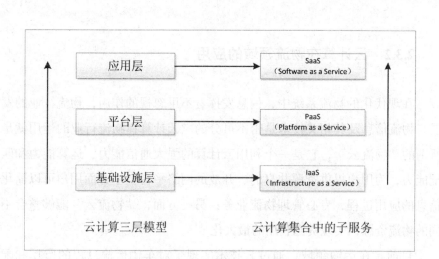

图2-4　云计算的服务层次

（1）基础设施层

基础设施层主要是为用户提供各种硬件封装服务，包括传统计算中心的硬件资源，如将各种计算资源、存储资源作为服务出租给用户使用。

（2）平台层

平台层为用户提供应用程序的运行环境，通过对操作系统的集成，为用户提供各种中间件和特殊工具等平台服务，用户可以使用中间商的设备来开发自己的程序，并通过互联网和其服务器传到用户手中。

（3）应用层

应用层主要是将各种软件功能封装提供给用户，是集成了大量的应用软件，应用层的运行必须建立在基础设施资源和平台层的基础上，最终用户通过浏览器获得各种应用程序。

云计算的各个层次是相互依赖、密不可分的，任何一个层次都不可能独立存在，每个层次都可以为用户提供相应的服务。

2.3.2 云计算在物流领域的应用

在现代化的物流系统中，信息发挥着不可忽视的作用，物流行业的发展与物流信息及其相关技术是密不可分的。云计算在物流行业的运用就是所谓的"物流云"，它是一个利用云计算的强大通信能力、运算能力和匹配能力，为用户提供资源共享的、开放的网络平台。一方面用户可以简化信息的应用过程，专心管理物流业务；另一方面，"物流云"能够整合不同的物流资源，实现资源利用的最大化[68]。

目前，在运输领域，通过云技术实现了对车辆运输过程的监控和配载，多方都能够收集车辆信息并掌握货源，在实际运输需求和能力发布以前就能快速、准确地掌握物流配载信息；在存储方面，云存储也是今后的主要发展方向，在途运送的物资可以通过移动设备掌握，作为一种虚拟库存，就可以进行物资的信息交换和交易，并将物资直接出入库，直接运送到终端用户手中。云计算对物流行业发展的作用直接体现在降低物流成本，提高物流业的经济效益和社会效益。仅此一点，今后云计算在物流领域的应用将会有巨大的空间。

2.4 本章小结

第2章归纳了大型体育赛事资源协同的理论基础，为后面的研究提供了坚实的理论依据。内容涵盖了现代物流理念的演变、协同学理论和云计算理论。分析传统物流、现代物流和协同物流的特点并进行比较，提出协同物流是当今时代发展的要求和发展趋势；阐述了协同学的基本理论和方法，对协同学的序参量理论、不稳定原理和役使理论进行了分析；对云计算的体系结构进行系统分析，介绍了云计算在物流领域的运用和发展。

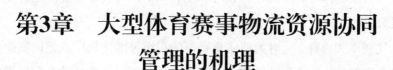

第3章　大型体育赛事物流资源协同管理的机理

对大型体育赛事物流资源概念的把握是协同管理研究的基础，本文系统剖析了大型体育赛事物流资源的内涵，归纳了赛事物流资源的特征；在明确大型体育赛事物流资源协同的内涵与本质的基础上分析了协同的动因、结构、效应；构建了大型体育赛事物流资源协同的机理体系，为后面的研究提供基础。

3.1　大型体育赛事物流资源的内涵与特征

3.1.1 大型体育赛事物流资源的内涵

"大型体育赛事物流资源"可以分解成两个层面：大型体育赛事、物流资源。在对大型体育赛事和物流资源分别进行分析和界定的基础上，再综合理解"大型体育赛事物流资源"这一命题。

（1）对大型体育赛事的理解

在国内，虽然我们对"大型体育赛事"一词频频使用，但不同的文献对大型体育赛事概念的表述是不相同的。国外学者也试图对错综复杂的各类赛事活动做出清晰的界定。

首先，国内外学者对大型体育赛事概念的界定。

易剑东[69]将大型体育赛事的英文表达为mega sporting events。他把竞技项目当成是体育赛事的一种核心产品，认为体育赛事是提高这种竞赛及相关服务的一种大型特殊活动。

沈建华和肖锋[70]对大型体育赛事的理解范围比较广，把以奥运会、残奥会等世界范围内影响力巨大、高水平的大型综合性运动会和世界单项运动会（如世锦赛、世界杯等）或全国性的体育赛事统称为大型体育赛事。黄海燕[71]认为，大型体育赛事是指具有国际知名度、集中主办城市和国家的注意力，受城市公共资源的约束，又反过来影响城市资源，以提供单一体育运动项目竞赛产品和相关服务的特殊事件。叶庆晖[72]博士把体育赛事看作一种特殊事件，具有项目管理属性，他认为主办城市的经济发展水平、习俗与传统等因素都会影响体育赛事举办的规模大小和形式，体育赛事能够提供体育竞赛产品和相关配套服务，具有一定的组织文化背景和市场潜力，能够对城市的政治、经济、文化等领域产生非常大的影响力，可以达到多种目的，迎合不同参与群体的需要。

国外学者也对各类赛事活动的概念进行研究。Getz对大型体育赛事进行分类，具体见图3-1所示。他认为大型活动的管理主要是指那些具有计划性和组织性并且具有标志性的特殊计划的活动。在国外的研究中，不同的学者使用了不同的名称，如标志性体育赛事、超大型体育赛事、大型体育赛事等[73]。Getz（1997）把奥运会称作超大型体育赛事，把在特定的地方重复举办并与赛事所在城市融为一体的赛事称为hallmark赛事，如英国的温布尔登网球锦标赛、我国的厦门国际马拉松赛等。Getz（1997）认为，超大型赛事是能给举办地带来好的声誉，促进经济增长，提高举办地知名度，而且参与大型体育赛事的人数不低于100万，赛事的资金花费应该不低于5亿美金。以特殊事件和巨大活动为主题的会议International Association of Tourism Experts（简称IATE）指出赛事的参加人数、花费、声誉影响可以作为大型活动的分类标准。会议对大型赛事的界定是至少有100万的参观人数、赛事的活动经费不能低于5 000加元、对于参观者来说必须要参与的活动[74]。Rochem 认为大型体育赛事的概念包括赛事时长、场地规模、媒体关注、举办城市和多国参与五个方面；从赛事申办角度，Emery认为，有国际性体育报道或者由政府部门主办，且观众人数至少10000名以上，即可称为大型体育赛事。

大型体育赛事的英文称谓是big sport event。对上述国内外观点进行比较，可以看出，两者在举办规模、范围等方面存在着很大不同。mega sport event主要用于奥运会、亚运会、全国大学生运动会、全国农民运动会等大型的、综合的、具有一定影响力的体育赛事。而后者主要用于世界锦标赛、世界杯、F1方程式赛车等单项赛事。从大型体育赛事概念的文献研究中，可归纳出大型体育赛事具有以下共同点：多国参与的组织规模、大量的人员参与和媒体关注，具有重大的社会或国际影响力。

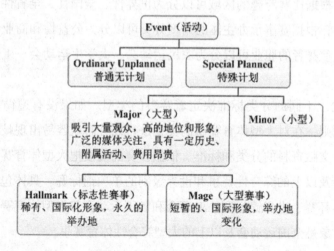

图3-1 大型体育赛事分类图

其次，本文对大型体育赛事的界定。

虽然目前的文献资料对于体育赛事概念的表述还没有一个统一的认识，但是体育赛事管理学界比较认同"体育比赛为主要形式的大型社会活动"这种观点，而且近年来，随着社会经济的飞速发展，对于体育赛事管理的研究也日益增多。

本文的研究对象是大型体育赛事，因此对其概念的了解和掌握是研究赛事物流资源协同的前提和基础。在文献中，学者在对体育赛事的理解和界定的基础上，将大型体育赛事定义为：以提供体育竞赛为核心产品并围绕体育竞赛提供一系列相关服务的、规模较大、影响较深的全国性运动会及以上的大型体育活动。

目前，学术界对于体育赛事规模的划分还没有一个公认的量化标准。但事实上，不同规模的比赛特征不同，对体育赛事管理的要求是不同的。本文所关注的是在学界上经常使用和提及的大型体育赛事（large-scale sports Event）及中小型体育赛事（small-scale sports event）的划分问题。从不同的角度出发，体育赛事的分类是不相同的，上海体育学院的易剑东教授根据参赛者的年龄不同，将体育赛事分为儿童比赛、青少年比赛、成人比赛和老年人比赛；从比赛项目多少的角度把体育赛事分为综合性与单项比赛；根据比赛跨越的区域可以分为世界性、全国性、全省性或民族性体育比赛；根据赛事承办主体的角度分类可以分为公益性和商业性体育赛事；根据参赛者的职业可以分为农民运动会、大学生运动会、工人运动会等。

总之，不同的分类标准决定着赛事的类型。如果没有遵循概念划分的基本原则，在对大型体育赛事的类型进行划分时就容易出现歧义。本文结合现有文献资料的分类和标准，依据参赛的规模把大型体育赛事分为全国运动会及以上的综合性赛事和世界级别的单项锦标赛。具体包括：奥运会、世界杯赛、世界锦标赛、亚运会和各国运动会等大型体育赛事。本文的研究对象是全国运动会及以上的大型综合性体育赛事。

（2）本文对物流资源的理解

对物流资源的分析和理解是研究协同的首要问题。根据系统论的基本思路将大型体育赛事物流资源视为一个系统，通过协同，使赛事物流资源系统及子系统之间形成更为合理的功能和结构，各种物流资源相互影响、相互促进，从而提高资源的使用效率，发挥大型体育赛事物流资源系统的最大功能。目前，文献中多是从企业的角度对物流资源的概念进行界定，认为物流资源是可以为物流企业创造价值和为顾客提供价值的物流生产要素及要素组合，具体包括物流企业在运营和管理中涉及的人力资源、技术、生产设备资源等一系列有形资源和无形资源的统称[75-76]。

从不同的角度对物流资源的理解是不同的，广义地讲，物流资源是指物流服务和物流作业所依赖的知识、信息、资金、技术、设备、设施、人员、场地、网络等生产要素。狭义地讲，物流资源是指运输设备资源、装卸搬运设备资源、仓储设备资源和包装设备资源[77-78]。作为企业发展的根本，物流资源决定着企业物流水平的高低和物流能力的大小。本文研究的赛事物流资源是广义的概念。

（3）本文对大型体育赛事物流资源内涵的理解

基于对大型体育赛事和物流资源的理解，本文认为"大型体育赛事物流资源"是指为了实现大型体育赛事的物流任务，所有能够为大型体育赛事主办方所控制、影响和利用，为顾客提供有价值的物流服务，并可为主办方和物流合作企业创造价值，提升竞争力的一系列内外部物流资源以及资源要素组合的统称。

赛事物流资源是为了保障比赛顺利进行，大型体育赛事的主办方所拥有的内外部物流资源的集合，是以主办方拥有的资源要素为前提和基础，以赛事物流需求和物流效率为导向，按照一定的结构、功能、层次组合而成的大型体育赛事物流资源体系。

赛事物流资源追求的是整体的配置和使用效率，而并不是赛事主办方所能控制的所有物流资源的简单叠加。大型体育赛事物流资源是一个体系，通过自发或被动的整合方式形成规模经济效应和协同放大效应，因此大型体育赛事物流资源具有系统性、协同性。

①系统性内涵。正如一些学者所指出的，从绝对意义上讲，世界万物都是系统，我们一般不必要将每一个系统都明确地贴上"系统"的标签。如果研究的主题没有特别突出系统与系统之间、系统内部各个子系统之间的一种相互关系，而且在研究中并不是完全忽略对系统功能和结构的分析，那么在对万物的分析中，可以省去"系统"这两个字[79]。物流资源即物流资源系统；大型体育赛事物流资源即大型体育赛事物流资源系统，

从概念上讲两者之间并没有本质区别，前者仅仅是后者的省略语。

大型体育赛事物流资源系统是由参与了体育赛事物流活动全过程的所有物流要素构成，为了实现赛事物流目标，保障赛事的顺利进行而形成的整体。它的内涵我们可以从三个层面进行理解：第一，大型体育赛事物流资源系统的各组成要素不是相互独立的个体，而是一个有机的整体；第二，参与体育赛事物流活动全过程的所有物流资源要素共同组成了这个有机整体；第三，有机整体的最终目标是保障赛事的顺利进行。

本文把研究对象加上"系统"这个标签，主要基于以下几种目的。

首先，赛事物流资源系统是大型体育赛事管理的一部分，便于研究物流子系统与体育赛事总体目标之间的相互关系。

在研究赛事物流资源这个复杂系统时，不能忽略它是"大型体育赛事"的一个必不可少的组成部分，虽然赛事物流资源系统是由系统内部各物流资源要素相互组合、相互促进的有机整体，无论系统多么复杂与庞大，它也只是为了体育赛事提供与赛事相关的物流服务，它也只是隶属于"大型体育赛事"这个大系统，其系统目标要与大型赛事的目标保持一致。因此，对赛事物流资源进行系统分析，就是要本着以"大型体育赛事"为中心的基本原则，把"大型体育赛事"作为赛事物流资源系统问题研究的根本出发点和最终归属，探讨物流资源系统与赛事整体目标实现之间的相互关系，以及在这一大环境下，物流资源系统自身有何整体特性和运行规律，从而帮助大型体育赛事的主办方实现最优的物流资源配置，最终保障赛事的成功举办。

其次，本文强调用系统的思维方法去解决赛事物流的相关问题。

目前国内的大型体育赛事，甚至是全国规模的运动会并没有把赛事物流的相关活动当作是一个完整的体系，有些赛事的主办方连物流部都没有成立，更别说统一的赛事物流规划和具体实施。有的比赛虽然意识到赛事物流对赛事管理的重要性，但由于缺乏系统的规划与布局，物流活动分散没有计划性，各个部门责任划分不清，资源归属不明，最终导致赛事物流运作效率较低，成为大型体育赛事运作成本和物流成本偏高

的因素之一。

最后，消除在赛事物流边界问题上的传统认识误区。

国内对于赛事物流系统研究范畴的争论并没有停止过，一些学者认为赛事物流资源仅仅是"赛事主办方"所拥有和控制的所有资源要素组合，没有把相关的参与者和合作企业纳入研究的范畴，而仅仅是研究主办方自身的关于采购、仓储、配送、逆向物流的物流活动。事实上，随着体育赛事的产业化与国际化，赛事物流活动不可能完全实现"自力更生"。特别是在消费者对赛事服务质量要求不断提高的背景下，赛事物流活动就范围来讲是以最舒展的方式向外蔓延到了社会化物流的各个角落，成为赞助商展现最先进的物流管理方法和最先进的物流信息技术的平台。主办方如何"借力"，通过整合社会物流企业的资源提高物流部门的运作效率，已经成为保障赛事顺利举办的重要前提和基础。因此，本文对赛事物流资源系统的分析，必须突破资源所有权的限制，而不能局限于主办方自身的物流资源的范围。

②协同性内涵。物流资源系统是开放的社会经济系统，系统包括各种不同规模、不同数量的资源，这些资源在赛事物流的整个过程中与外界进行各种交换，形成实物流、资本流、信息流，大型体育赛事物流资源系统各个子系统之间存在着实物、信息和资本的交换，而且各个子系统和要素之间始终是一种相互对立统一的关系。大型体育赛事物流通过各种物流资源的整合和优化，逐步从无序到有序、从有序到高级有序不断进行发展和演化，且具有阶段性和连续性的特征。

大型体育赛事物流资源协同的实质是为了实现协同效应，也就是系统实现"1+1>2"的效应。系统中，各种物流资源是按一定的结构和功能相互影响、相互联系的，而不是孤立存在的，但这种相互影响并不一定能够使系统产生"1+1>2"的效应。因此从这个角度来说，大型体育赛事物流资源的协同应该是一个不断提高物流资源使用效率，从而实现协同效应的过程。

作为一个开放性的系统，大型体育赛事物流资源系统的协同应是一种开放型的协同，具体包括：系统内部各个子系统物流资源的协同和大型体育赛事物流资源系统与外部资源的协同。

3.1.2　大型体育赛事物流资源的特征

大型体育赛事的物流除了具备一般物流的特征以外，还具有需求量大、种类多、集中性、阶段性、分布广、高安全性强等重要特征[80-81]。这也是大型体育赛事物流系统资源协同问题复杂性的根源。本不节将对大型体育赛事物流资源的总体特征进行归纳和分析。

（1）赛事物流资源需求的多样性

大型体育赛事物流资源的多样性表现在总量大和种类多。这里的"总量大"可分为两种情形：一是大型体育赛事物流需求类资源的品种多、数量大；二是大型体育赛事物流资源的种类齐全（包括公路、铁路、航空、码头、食品冷链和热链、危险品等）。这就对大型体育赛事的主办城市的存储和运送等物流硬件能力要求很高。除此之外，还要具有较完善的管理体系、运作模式、信息系统、人员素质等。

（2）赛事物流资源需求的不确定性

往往大型体育赛事只有40%的物流活动是确定发生的，而剩余的60%是无法预测的未知事件[82]，尤其是在赛事的举办期间，而且这些事件发展迅速，需要尽快解决，因此物流部门要充分考虑无法预计或计划失灵的各种突发情况，要具备迅速调动物流资源的能力。

我们从以往的案例中可以看到，比赛中存储方面的不确定性也很明显。例如1996年的亚特兰大奥运会[83]，由于物流委员会没有进行很好的前期规划，更没有提前对物流需求进行预测，导致在比赛举办之前不知道该用多大的仓库，比赛期间要不断重新设计仓库物品的摆放以适应赛事突发的存储需求。

（3）赛事物流资源需求的阶段性与瞬间集聚性

大型综合体育赛事要考虑比赛的准时性，并保证运动员和教练员充足的休息时间。在大型综合体育赛事中，比赛场馆相对集中，运动员驻地也相对集中，运动员往返于场馆和驻地的时间相对要短，因此物流空间具有集中性，基本往来于比赛场馆、运动员驻地和物流中心之间。这就要求规划物流系统时，准确选址物流中心及节点，合理分配物流资源。

我们可以在图3-2中看到，大型体育赛事的筹备时间分为计划配置、测试调整、赛事运行和赛后回收四个阶段。前期筹备和测试调整的周期相对较长，比赛的时间较短，而多数的物流活动是发生在比赛期间，赛事运行阶段是最主要阶段，时间短、任务重，物流部要保证各项物资在比赛期间及时准确安全地配送到各个场馆。物流服务的短期爆发性需要物流资源在短期内瞬间集聚，要有较快的集聚性，这就需要赛事物流服务的提供方要在短期内完成大量的物流作业，而且不能出现任何差错。这对赛事主办方和物流服务商以及各相关主体来说都是一种挑战。例如，2000年悉尼奥运会比赛期间，每天需要对25个场馆115个配送点完成500次配送业务。而2008北京奥运会"赛中物流"总的配送规模达到悉尼的1.5倍[84]。2016年里约热内卢第31届夏季奥林匹克运动会，官方物流供应商是巴西国家邮政服务公司Correios。该公司赞助过多项巴西体育赛事，在里约奥运会和残奥会期间将负责递送超过3 000万件物品。但因奥运临时物流量突增，巴西邮政本身的物流网络就可能无法满足及时投递的要求，再加上交通管制等诸多原因，里约奥运会和残奥会期间，寄往里约热内卢的邮件派递服务有所延误，一些跨境物流或是通关因奥运有所放缓，货物无法按时送达。

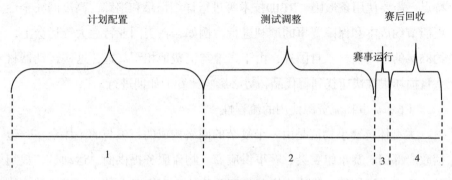

图3-2　大型体育赛事筹备时间阶段

不同阶段的赛事物流资源需求的重点是不同的，在赛前计划配置阶段的主要任务包括：制订各种赛事物流规划、运行制度以及赛事相关软硬件配套设施的组建管理工作，这个阶段物流人员的工作比较繁忙，如要对主办城市的物流基础设施进行规划和建设、赛事物流中心的选择与建设、比赛场馆的选址和建设、赛事物流信息系统软件的开发、物流人才的选拔、信息平台的构建，以及各种物流设施的配备等[85]。赛后回收阶段也是比较繁忙的，需要把所有从赛事主仓库运来的设施器材运回。

（4）赛事物流资源服务主体的差异性

大型体育赛事参与者众多，参与主体主要包括：组委会、运动员、工作人员、媒体、裁判和仲裁、赞助商、供应商、观众等。大型体育赛事的参赛选手和观众往往来自不同的国家，他们的语言、生活习惯、年龄存在很大的差异，参与主体的多样性和差异性给物流服务带来了很大的难度，是规划者必须考虑的因素[86]。由于赛事需要以及物流主体在国家民族、风俗习惯、宗教信仰和年龄性别等方面的差异，所以物流需求具有多样性，物流服务必须考虑到这种多样性，并尽量满足每个主体的需求。

（5）物流实物资源使用的安全性

大型体育赛事对安全性的要求较高，首先是物流资源的安全性，资源的丝毫损坏都可能会影响赛事的正常进行[87]，如配送车辆的损坏、物流中心的防护措施不严格都会对赛事造成很坏的影响，而且赛事期间涉及的大量高精尖的新闻器材或电信设备具有价值高、保密性强、不可替代性等特点，需要使用条形码、RFID技术等进行详细记录和追踪，高度的安全性更能节约成本和保障赛事的顺利进行。例如，在美国亚特兰大奥运会上，约85%的运动器材来自国外，由于产地与消费地相距甚远，这些运动器材一旦损坏很难快速找到替代品，势必影响比赛的如期进行。

（6）赛事物流资源使用的流程性

大型体育赛事物流是由一个复杂的网络构成的，参与的主体众多，包括政府部门、赛事组委会、赛事供应商、物流服务提供商、运动员、裁判员、观众、媒体等；物流内容包括赛前物流，赛中所有的与比赛相关的物资采购、生产、配送、仓储以及赛后相关物资逆向回收的过程[88]。根据传统的物流理论可以把赛事物流分解为物流计划、采购、生产、配送、仓储、加工流通以及逆向回收等流程环节，每个环节之间都是相互影响、相互制约的。

3.2　大型体育赛事物流资源协同的内涵与本质

3.2.1　大型体育赛事物流资源协同的内涵

在协同学的基础上结合体育赛事理论和资源理论（见图3-3所示），再去综合理解大型体育赛事物流资源要素之间相互配合、相互作用的关系。

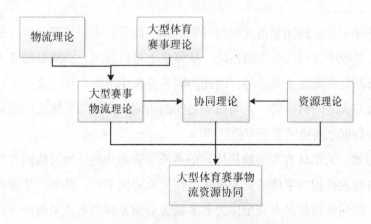

图3-3　大型体育赛事资源协同理论框架

前述章节界定了"大型体育赛事物流资源"的概念，是指为了实现大型体育赛事的物流任务，所有能够为大型体育赛事主办方所控制、影响和利用，为顾客提供有价值的物流服务，并可为主办方和物流合作企业创造价值和提升竞争力的一系列内外部物流资源以及能力要素的统称。大型体育赛事物流资源协同是指以协同学思想为指导，综合运用管理方法和手段促使大型体育赛事物流系统内部各种资源按照协作方式进行整合，通过相互合作和协调，从而实现一致性和互补性，产生支配整个物流系统协同发展的序参量，使物流资源实现自组织，从一种低级有序状态走向另一种新的高级序状态，并使系统产生整体作用大于各资源要素作用力之和的一种系统管理方法。

赛事物流资源协同与赛事物流资源的区别表现在：前者更多地强调与合作的物流服务商之间的协作与融合，摆脱了只是简单地采购、配送、仓储，仅仅是在履行赛事物流的职能；协同不仅关注赛事物流的运作成本，还关注与合作伙伴的资源共享；前者更强调的是多方协作，协调与供应商及物流服务商的关系，考虑供应商及物流服务商的利益，做到双向、互动、供给与市场的高度协同，实现多方共赢。

3.2.2　大型体育赛事物流资源协同的本质

狭义上讲，协同是指元素对元素的相干能力，主要体现元素在整体发展运行过程中协调与合作的性质。从概念上可以看出，协同是随着人类社会的不断发展而逐步发展的，因此协同不是新生事物。从广义上讲，协同包括人与人之间的协同，人与机器之间的协同、系统与系统之间的协同、数据与数据之间协同等全方位的协同。

因此，大型体育赛事物流协同的本质是资源协同，通过协同管理，协调赛事物流各相关主体的资源配置，使大家协同工作，从而产生资源协同效应。协同管理就是对大型体育赛事物流资源系统中各成员间的合作所进行的管理。其根本思想是主办方和合作伙伴通过体育赛事这个平台获取各自的最大利益，以客户需求和体育赛事产业市场为导向，运用现代先进的管理技术，达到对赛事物流整个过程的管理流、物流、资金流、信息流、市场流的有效控制和规划。

大型体育赛事物流资源协同管理的目的是降低赛事物流的运作成本，保证赛事物流系统的高效运行，从而确保赛事的顺利进行。随着大型体育赛事的举办规模日益庞大、举办数量日益增多，物流资源协同必须以提升客户服务价值为出发点和落脚点，为客户提供"一站式"综合物流服务。

3.3 大型体育赛事物流资源协同管理的动因

大型体育赛事物流资源系统的外部动因和内部动因的共同作用促使协同的出现，见图3-4所示。

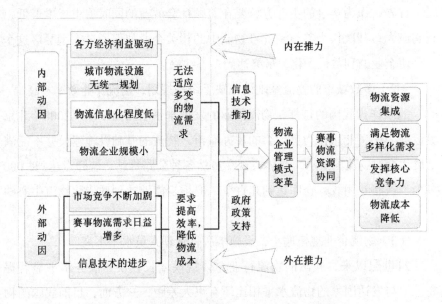

图3-4 大型体育赛事物流资源协同形成的内外动因

3.3.1 大型体育赛事物流资源协同管理的内在动因

大型体育赛事物流资源协同管理的内部动因主要包括各方逐利行为的日益加剧、多数城市的物流基础设施缺乏统一规划、物流作业效率不高、物流企业规模偏小、设施落后、管理人员水平不高、物流信息化程度低、资源封闭。

（1）各方的逐利行为

大型体育赛事的筹备时间长、投入成本偏高，给主办城市带来繁重的财政压力是目前每个城市承办大型体育赛事都要面对的问题，尤其是近些年民众对大型体育赛事的承办持反对意见，认为是在浪费纳税人的钱。在这种背景下，大型体育赛事的申办既要承担一定的政治压力，还在面对很大的舆论压力，主办方仅仅依靠自身的物流能力和资源难以完成大型赛事烦冗复杂的物流任务，如何走市场化、产业化的路线，有效节约成本是赛事主办方需要考虑的问题。物流成本过高，不利于大型赛事的可持续发展。首先，作为赛事的主办方，要在兼顾社会效益的同时追求成本最低、利润最大；其次作为参与到赛事物流中的相关企业如何通过大型赛事这个平台使企业的利益最大化，最终达到多方共赢。

（2）多数城市的物流基础设施缺乏统一规划，物流作业效率不高

北京作为我国的首都，物流行业的发展水平名列前茅。以2008年北京奥运会为例，北京作为奥运会的主办城市，物流的基础设施建设并不能满足奥运会对物流的要求，具体表现在虽然各种公路货站、装卸点达到6 000多个，铁路专用线、仓库达到几百个，但很少能够达到现代化物流中心的水平[89]。

（3）物流企业规模偏小，设施落后，管理人员水平不高

21世纪以来，我国的物流行业总体规模增长较快，服务水平显著提高。但与发达国家的物流水平相比还有很大差距，一方面，目前我国的物流企业多数仍停留在大而全、小而全的阶段，物流运作效率不高，运作成本偏高。另一方面，物流服务企业的市场规模偏小，这几年第三方物流服务比例虽有所提高，但和美国、欧洲相比仍有很大差距，而且国内物流企业的自有物流资源，如运输车辆、仓库、机械化装卸设备比例也不高。

（4）物流信息化程度低，资源封闭

未来物流信息发展的趋势和方向是智能化和信息化，这些年我国的物流业虽然发展很快，但先进信息技术发展和应用较国外物流信息发达的物流业还存在较大差距。一方面是物流业的信息管理和技术手段都还比较落

后，另一方面是缺乏共享的公共物流信息沟通平台，信息化程度较低造成物流资源不能有效合理的流通和利用，从而在一定程度上限制了我国物流业的进一步发展。

3.3.2　大型体育赛事物流资源协同管理的外在动因

大型体育赛事物流资源系统不是孤立存在的，外部环境的变化推动着系统要素的重新组合或向外寻求协同。赛事物流资源协同管理的外在动因具体表现在市场环境竞争的日趋激烈、市场需求的不断变化、先进信息技术的不断更新。

（1）市场竞争的不断加剧

大型体育赛事是主办方展示其网络、渠道、运力规模等综合实力的机会。国际上很多知名的物流公司纷纷进入这个市场，争夺大型体育赛事这块蛋糕。例如，UPS早在1996年就成为亚特兰大奥运会的全球合作伙伴，之后UPS又赞助了1998年的长野冬奥会和2000年的悉尼夏季奥运会，这几届赛事举办期间，比赛场馆、奥运村等各个角落都能看到UPS的递送员在紧张有序的工作。2008年UPS又成为北京奥运会的全球合作伙伴，比赛结束后，据调查数据显示中国人对UPS品牌的认知度已从北京奥运会之前的15%上升到50%[90]。

（2）市场需求的不断变化

一方面，客户对综合化、一体化的物流需求日益增多，这就要求赛事主办方和物流服务方具有多个环节的物流功能，需要强大的综合服务能力。另一方面，越来越强调赛事物流服务的时效性、物流信息的实施跟踪与反馈以及其他一系列的增值服务，而且随着物流企业的激烈竞争和物流服务的不断提高，客户在不断对比物流服务品质的同时，往往会选择物流服务价格相对较低的物流服务企业。

（3）信息技术的进步

信息技术发展是大型体育赛事物流资源协同管理的物质和技术基础，

尤其是近些年各种信息技术的飞速发展和信息网络的不断完善，有效地降低了信息传递和交换的成本，加快了信息和各种物资的流动速度。信息技术的快速发展改变了传统的经营管理方式，各个部门之间、各个地区之间、不同企业之间的各种物流信息传递的成本更加低廉、传播速度越来越快，物流服务超出了时间、空间的限制，信息技术的进步为各物流服务主体间的资源共享、协同运作提供便利，如企业资源计划（enterprise resource planning，ERP）、供应链管理（SCM）、供应商关系管理（supplier relationship management，SRM）、供应商库存管理（VMI）、业务流程再造（business process reengineering，BPR）等软件的成功开发，为赛事物流资源的协同管理提供了良好的技术支撑。

3.4 大型体育赛事物流资源协同管理的结构与效应

3.4.1 大型体育赛事物流资源协同管理的结构

大型体育赛事物流资源的协同管理，不仅涉及赛事主办方内部物流资源的协同，还包括主办方与外部物流企业资源的协同、政策制度协同等。本文基于协同理论，构建出大型体育赛事物流资源协同管理的结构，见图3-5所示。

大型体育赛事组委会是一种临时性的机构，由于拥有物流资源的有限性，就必须与其他部门和物流企业进行协同，协同管理应运而生。各种物流资源和物流功能的协同能够提供更加快捷的赛事物流服务。此外，还需要各种支撑条件的不断智能化、一体化、协同化，才能达到专业化、规模化的协同效果。这种发展模式不仅是大型体育赛事物流服务的需求更是一种发展趋势。

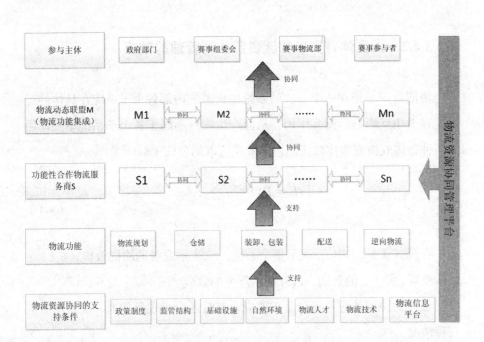

图3-5 大型体育赛事物流资源协同管理结构图

大型体育赛事物流资源协同的各个相关主体和服务的客户共同构成了复杂的开放系统，相关体育赛事管理部门和政府部门通过不断完善政策法规体系、规范市场环境、建设物流基础设施、完善赛事物流信息平台、促进信息共享和技术创新、提高工作人员素质、优化网络结构，使这个开放系统与外界进行物质和能量交换；通过不同主体、不同层次、不同流程之间的协同，形成有序的资源协同、技术协同、组织协同、信息协同、业务协同等微观层面的协同，从而形成更加有序的系统功能结构，促进整个大型体育赛事物流资源系统的协同度不断提高。分析大型体育赛事物流资源协同管理的结构，有利于本文从微观和宏观角度对协同的过程进行剖析，结合协同理论的自组织原理和涨落原理，确定系统序参量，构建系统的协同模型。

3.4.2 大型体育赛事物流资源协同管理的效应

协同效应是指在一个开放的系统中，系统内部各个子系统在具体的运作过程中相互影响、相互作用，从而产生一种不同于各个子系统单独作用的一种整体效应或集体效应。协同效应可以用公式（3-1）来表示。

$$
\begin{cases}
SE = F(S) - \sum_{i=1}^{n} F(x_i) \\
S = f(x_1, x_2, \cdots, x_n)
\end{cases}
\qquad （3-1）
$$

在公式（3-1）中，S 表示整个系统，SE 表示系统的协同效应，$F(x_i)$ 表示要素 x_i 所产生的效用，$F(S)$ 表示产生的效应。

系统的协同效应不仅仅是正效应，有时还会出现负效应、无协同效应三种情况。

首先，$SE>0$ 时，表示协同的正效应。正效应就是系统各要素之间的相互作用超过各个组成部分的效应之和，也就是：1+1>2。当系统协同显示正效应时，f 是一个非线性函数。具体体现在资源的利用率提高、成本降低、系统整体效率增强等。

其次，$SE<0$ 时，表示协同的负效应。负效应就是系统各要素之间的相互作用反而使系统的整体效应下降，并且低于协同之前的总效应，也就是低于各个组成部分的效应之和，1+1<2。出现负效应时，f 是一个非线性函数。具体体现在资源的利用率低、成本升高、系统内部不协调、整体效率降低等。

最后，$SE=0$ 时，无协同效应。各个组成部分单独运作所产生的效应之和刚好等于系统整体效应。

大型体育赛事物流资源协同发展受多方因素的影响，如主办城市的经济发展水平、物流基础设施建设、物流信息技术发展、人力资源等，因此在协同管理过程中，要在协调好内部资源的同时积极拓展和优化外界环境，从而实现协同多方共赢，产生协同正效应。所以本文主要研究大型体育赛事物流资源协同的正效应，文中的协同效应指的是正效应。

3.5　本章小结

第3章对大型体育赛事物流资源协同管理的机理进行研究，具体分析了大型体育赛事物流资源的内涵与特征、大型体育赛事物流资源协同的内涵与本质、大型体育赛事物流资源协同管理的动因、大型体育赛事物流资源协同管理的结构与效应。对"大型体育赛事物流资源"的内涵进行界定，是指为了实现大型体育赛事的物流任务，所有能够为大型体育赛事主办方所控制、影响和利用，为顾客提供有价值的物流服务，并可为主办方和物流合作企业创造价值和提升竞争力的一系列内外部物流资源以及资源要素组合的统称。根据大型体育赛事的特征和赛事物流的内容，总结出大型体育赛事物流资源的六大特征：物流资源需求的多样性、物流资源需求的不确定性、物流资源需求的阶段性与瞬间集聚性、物流资源服务主体的差异性、物流实物资源使用的安全性、物流资源使用的流程性。

第4章 大型体育赛事物流资源动态联盟协同管理研究

大型体育赛事物流资源协同从战略的层面上讲是站在系统的高度来分析和处理问题。通过协同，把系统外部相关的合作企业和系统内部的相关资源要素整合在一起，构成一个物流服务系统，并取得1+1>2的效果。从战术选择的层面上讲就是根据研究主体的发展规划和市场需求对所需要的物流资源进行优化配置，寻求资源配置与客户需求的最佳结合点，提高赛事物流的服务水平。

4.1 大型体育赛事物流资源协同的目标与原则

4.1.1 大型体育赛事物流资源协同的目标

大型体育赛事物流资源协同的目标就是通过协同资源和信息的共享，减少物流资源在不同节点交接过程中的时间，在提高不同主体之间的物流资源使用效率的前提下，进而使大型体育赛事物流资源协同的效率得到有效的提高。

由于协同的前提是要建立合作以及进行有效的沟通，而这一目标的达成，最关键的就是要解决合作伙伴之间资源的优化配置和信息资源共享的问题。首先，合作双方需要通过沟通实现不同信息的传递和回馈，这个过程其实就是合作双方借助对信息的搜集和加工处理，尝试寻求最优合作方式和解决方案的过程，因此需要明确双方的沟通内容和沟通的程序，建立有效的沟通机制；合作企业往往需要借助一些先进的信息技术来确保及时准确的信息沟通。其次，协同双方甚至是多方的合作过程其实也是对信息内容执行实施的过程。协同企业彼此乐于合作,源于彼此间信息、资源、知识的共享能够使各自的协同能力和协同效率得到有效提高。根据大型体育赛事物流的特征归纳出物流资源协同的目标主要包括高安全性、高效率和低成本。

（1）高安全性

大型体育赛事物流是伴随着赛事的开展而产生的一系列与比赛有直接或间接关系的物资流动活动，它与普通的商业物流具有较大的区别。大型体育赛事物流的前期投入时间较长，而大部分的物流活动发生在赛时阶段的1个月左右，具有较强的聚集度和爆发度，且物流中的比赛器材、新闻器材、生活资料等都是极其关键的赛事物资，不能受到丝毫的损坏和延迟。比赛期间涉及的大量高精尖的新闻器材或电信设备具有价值高、信息保密性强、替代性弱等特点，需要使用条形码、RFID技术等进行详细的记录和追踪，高度的安全性更可以实现成本的节约和保障赛事的有序进行。除此之外，由于目前的大型体育赛事对环境质量的要求很高，物流资源的使用还要注意物品的物理和化学特性，考虑到绿色环保的问题，防止污染的发生，尤其还要采取严格的安全措施，防止一些暴力事件或者突发事件的发生。

（2）高效率

由于大型体育赛事的时间短，集聚性强，对赛事物流在短时间内的流量、流速、准确性要求较高的同时，进而对赛事物流管理系统的运作效率提出了很高的要求。因此，这就需要从协同学的角度去考虑如何提高大型体育赛事物流系统的整体效率。大型体育赛事物流资源系统运作效率的高低主要体现在两个方面，一方面是相关的赛事物流资源在协同系统内不同主体之间的使用效率，另一方面是相关赛事物流资源在协同系统内的不同主体之间的交接效率。这里的交接效率其实是大型体育赛事物流资源各相关主体协同程度的反映。

（3）低成本

由于大型体育赛事的社会高关注性，它的举办往往是一个城市经济、文化、环境等全方位的展示，举办城市会把政治因素排在第一位，经济性排在第二位。但随着市场化和体育产业的不断发展，赛事经济逐渐成为主办方需要重视的问题，赛事物流系统的经济效益越发显得重要。赛事物流与普通的物流系统相比，由于参与人数众多，需要完成运输、配送、存储的物品较多，因此系统的运营成本比较高。例如2008年北京奥运会，全世界的运动员、记者和观众的人数达到800余万人，约120万件比赛的相关器材，再加上因赛事旅游、消费产生的一系列物流费用，要完成赛事物流的运作需要主办方配有大量的运输设备、物流中心、装卸设备，这些都需要高额的投资。通过物流资源协同，赛事主办方可以降低赛事物流的投入成本。通过协同，不仅可以实现各种硬件资源的共享，减少物流设备购置的费用，还可以实现软件资源的共享，减少对人力资源、信息资源等的投入。

4.1.2 大型体育赛事物流资源协同的基本原则

（1）整体性原则

大型体育赛事物流资源系统内部包含了多个子系统。任何一个系统总目标与各子系统的目标都存在着或多或少的冲突，这种情况在现实中很普遍。大型体育赛事的主办方为了追求物流系统的总目标，这个时候就需要依据整体性原则，对各主体子系统进行调节，以保证赛事供应商、运输商等物流部门与各体育机构以及体育代表团密切配合，以整体达到最优为目标。

（2）整合性原则

大型体育赛事涉及的物流环节较多，物流资源的种类较多、主体较多。整合各种物流业务流程一定要以资源整合为原则，从而实现大型体育赛事物流资源在各个物流环节的无缝衔接，有效提高物流资源的利用效率。

（3）适应性原则

适应性原则是大型体育赛事物流资源协同的重要原则之一。所谓适应，首先作为赛事的主办方，在对物流服务合作伙伴的挑选时就要本着适应性的原则，对供应商的考察要考虑其管理理念、人力资源、企业规模等各方面是否与主办方的物流需求相匹配，做到有针对性地选择。其次，组办方与合作的物流企业要在适应性的前提下，在职责划分、利益分担、工作流程等方面达成协议，以免出现因为在一些方面没有达成一致而导致赛事物流服务出现中断等情况。因此，适应性原则直接决定其系统是否能够顺利地运转。

（4）效益性原则

大型体育赛事物流资源的协同涉及餐饮、体育器材以及运输等各种类型的供应商。协同的效益性主要体现在两个方面，首先是主办方要考虑社会效益和经济效益，其次是各个物流服务的合作企业可以借助这个赛事、这个平台，通过相互合作获取更多的利润或品牌效应。

4.2　大型体育赛事物流资源协同管理的三维模型

美国学者霍尔在1969年提出霍尔三维结构法。对于多因素、多步骤、多阶段、多领域、多目标、多成本、多利益相关的大型复杂系统提供了系统化分析的思路，得到了世界各国的广泛应用。霍尔三维结构法就是将系统工程活动的方法体系分为逻辑、时间、知识三个维度。本文结合赛事物流资源的特征，对霍尔三维法进行了修改，从内容维、主体维和层次维三个维度来对大型体育赛事物流资源的协同进行分析。大型体育赛事物流资源协同管理的基本内容可以用一个三维模型来表示，见图4-1所示。

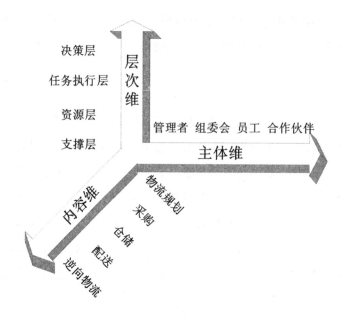

图4-1 大型体育赛事物流资源协同管理三维图

4.2.1 大型体育赛事物流资源协同管理的内容维度

大型体育赛事物流是由大型体育赛事引起的，是与参与比赛的人员相关联的物流活动，物流发生的时间为比赛前后的一段时间，根据前几届奥运会及全国运动会的成功举办经验，这个时间一般在开幕前两周开始，持续近一个月；发生的范围主要在各比赛场馆之间或场馆内或物流节点；物流的流体主要是相关人员的餐饮、服装、体育器材、器械、外围设备等。

按照赛事物流业务流程，我们把大型体育赛事物流资源协同管理的内容分为物流规划、采购、仓储、配送和逆向物流五个内容，见图4-2所示，每个流程具体的物流活动见图4-3所示。赛事物流服务必须保障物流业务在相关管理部门的统一规划和协调下协同运作，任何环节的缺失或纰漏都可能导致赛事物流一体化运作目标无法实现。

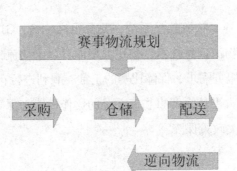

图4-2 大型体育赛事物流业务流程图

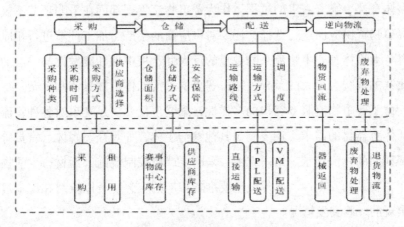

图4-3 大型体育赛事物流流程具体内容

（1）物流规划

物流规划是实现大型体育赛事物流高效运作的前提和保证，场馆设施设备的配置、补充、回收，以及大量物品的仓储、运输和配送等物流活动都需要及早制订并实施物流计划。

大型体育赛事物流系统的总目标是：依托主办城市物流产业发展战略，使赛事物流与赛事主题相结合，保障比赛的正常、顺利进行。为此，在赛事的准备阶段，物流系统规划的具体目标有以下几个方面：

首先，根据体育赛事的实施目标和赛事物流的需求，从系统角度对物流系统进行规划，以充分满足赛前、赛中、赛后的建筑物流、器械物流、生活物流、废弃物物流等需求，为主办方提供有效的管理和实施监控支持；

其次，建立赛事物流信息系统，充分运用GPS、GIS、条形码、无线射频等现代先进物流信息技术，构建大型体育赛事物流信息平台，充分满足赛事物流信息服务需求，保障比赛的正常、顺利进行；

最后，研究大型体育赛事物流系统的运作模式与保障机制，为大赛的成功举办提供相关政策保障。

（2）采购

采购是指根据赛事主办方对赛事物资的规划和预测，通过现金支付、租用等方式来挑选、获取比赛相关物资和物流服务以满足潜在的、实际的大型体育赛事物资需求的过程。作为赛事物流管理部门在采购环节不仅要对赛事物资供应商进行选择，还要对供应商的生产、加工环节进行相应的监督。大型体育赛事物流采购数量的巨大性、集中性和突发性与一般的体育比赛的采购有很大的差异，使得赛事的采购工作更加具体和复杂。一方面，由于赛事物流服务客户的多样性，采购不仅要满足赛事对各种物流设施、体育器材的需求，还要满足其他参与主体，如观众、媒体、官员等在比赛期间的物流需求。另一方面，采购要严格控制设施、器材、生活物品等相关物品的安全性。此外，还要准备相应的应急物资以应对在比赛过程中出现的一些突发情况。

采购活动主要发生在大型体育赛事比赛前期的筹备阶段，采购（或租用）的物资包括：赛前体育器械、体育设备以及所有的生活物流。例如北京奥运会，工人体育馆主要进行奥运会拳击项目和残奥会盲人柔道项目，场馆配备物资12 151件，其中家具4 842件，技术物资1 257件，竞赛物资4 949件，其他业务口分散采集物资1 121件，场馆物资集中在物流、竞赛、技术三个业务口。

在筹办大型体育比赛的时候，组委会获得全部物资的所有权或者使用权的主要方式有五种：现金采购、现金等价物、捐赠、租用、借用。其中，获取物资的主要方式之一是现金采购。但这里的现金采购与传统意义上的采购不同，赛事采购的现金采购是直接采购，同时也包含了租赁的内容。直接采购的主要含义是通过供应商合作伙伴的渠道，以直接采购的方式获取大量的通用性运动器械、基础设备以及大多数的生活物资。同时需要注意的是，直接采购要确定物资的种类与数量、供应商的选择、物资的交付以及验收等活动。而租用则是指通过从赛事的主仓库租用、运动员携带等方式获取赛事物资的活动。由于组委会在进行采购的实际过程中，不仅需要考虑物资的添置，还需要统筹考虑设施的运作、保管，以及赛后处理等多个方面，因此部分物资，如体育器材中的皮划艇、赛艇等专用性较强的运动设备，以及大型精密的运动器械常常会通过租赁方式获得，以此来最大限度地减轻赛后物资处置的压力。此流程也包括确定租用物资的种类和数量，物资的安检、入库等。北京奥运会从物资的来源看，在12 151件物资中，采购占3 637件，调拨的占2 348件，供应商直接配送占5 632件，借用占534件，详见图4-4所示。

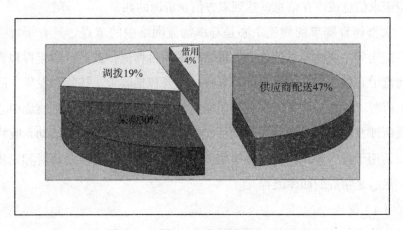

图4-4　2008年北京奥运会物资来源

（3）仓储（或存储）

存储是大型体育赛事物流中的一个重要环节。赛事物流中心从职能的角度来划分，属于存储型配送中心，根据存储地域的不同，存储主要表现为两种形式：一是赛事物流中心发生的存储活动，二是各个分场馆的存储活动。

大型体育赛事物资的存储主要经历两个阶段：硬存储和软存储。硬存储阶段是在各个分场馆分担存储任务之前，大约85％的相关设施设备需要运送到物流中心进行保管，赛前物流中心一般只进不出，主要是筹备物资的运入，几乎没有物流需要运出，赛事期间再按照各个项目的具体需求运送到各个比赛场馆。由于赛事物流对物品安全性和及时性的要求较高，存储阶段的主要任务不仅包括对赛事物资进行安全保管和存放，还要考虑选择哪种仓储方式以及仓储空间如何利用最大化等。

软存储阶段是分场馆分担存储任务，由于分场馆存储空间有限，在这个阶段，物流中心除存储外，主要职能是对各分场馆的物资配送。此外，供应商管理库存主要是针对大量的生活物资而言的，物流服务的供应商要对赛事主办方指定的物品进行存放和管理，供应商需要在比赛期间随时进行补货，填补比赛场馆库存。库存水平要满足赛事必要物资的要求，此外供应商还要进行严格的质量监督，这就需要供应商企业掌握赛事组办方的物资需求信息或库存信息，达到双方信息资源的共享。

大型体育赛事的物流中心是赛事物流网络中的节点，具有集货、中转、配送等主要功能。但作为一种特殊的项目物流，其运行的流程和普通的物流中心相比存在着很大的差异性，主要包括收货、拣货和发货、回库三大流程。首先，收货流程包含了所有将比赛相关货物存放到物流中心，以及所涉及的卸货、载货、货物的实时追踪等一系列的相关活动，收货流程仅适用于进入物流中心的赛事组委会的所有货物。其次是拣货和发货流程，最后是物资的回库流程。

（4）配送

在大型体育赛事物流过程中最重要的环节就是配送，这里的配送一种是赛事物流中心到各个体育场馆（比赛场馆和训练场馆）；另一种是赛事物流供应商把相关赛事物资从自己的仓库运送到最终物资消耗者的过程。配送主要有三种不同的方式，即直接运输、第三方物流企业配送和供应商配送。

首先，直接运输主要是赛事的组委会自己安排、利用现有的运输设施进行相关物资的配送过程。

其次，第三方物流企业配送（third party logistics，TPL）：赛事主办方直接选择外包的方式挑选符合要求的第三方物流企业制定物资的配送过程，见图4-5所示。

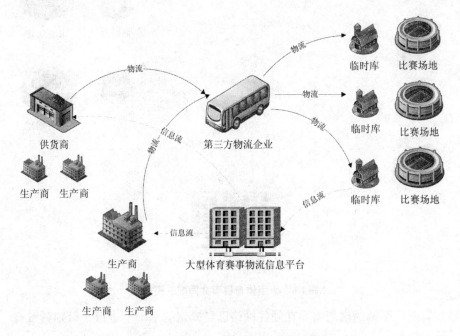

图4-5　大型体育赛事集中统一配送模式

最后供应商配送方式（VMI）：在大型体育赛事中，对于相关的生活物资，如食品等物资不需要存储到物流中心，供应商根据主办方的需求在通过安全检查后直接将其运送到比赛场馆或其他指定的相关场所，见图4-6所示。这个阶段供应商需要选择用哪种配送方式、哪条配送路线最适合、由哪家第三方物流公司进行配送等。

大型体育赛事属于一种不经常发生的事件，属于应急物流的范畴。在配送系统规划时，要考虑比赛之后这个配送系统是否能重复使用，避免一次性的浪费，因此在规划中要体现两个思想：一是尽量利用现有的物流设施加以改、扩建；二是新建物流设施的再利用。

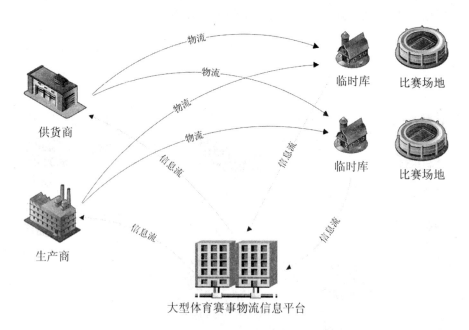

图4-6 大型体育赛事共同配送模式

配送系统的规划需要在硬件网络已经确定的基础上进行，否则就没有意义。规划的内容包括以下几个方面：一是划分物流中心物资种类；二是制订配送路线计划；三是制订配送执行计划。这些配送规划需要在赛事交通规划、商品供应与需求计划、物流基地地址、规模确定之后才能进行。

（5）逆向物流

逆向物流则是指在大型体育赛事结束后，一些可以重复利用的物资，如体育器材、设备等的回收过程，以及对所有场馆产生的废弃物、垃圾等的回收和再利用过程的统称。

逆向物流涉及的范围比较广，具体涵盖了比赛器材的回收、相关生活物资的退货物流、废弃物处理等内容。器材回收物流，一般是赛事期间可以循环使用的比赛器材的回收过程，包括主办方自己购买的和租用的两种；退货物流给烦冗的物流活动造成了困难，主要是物资因非人为原因的质量损坏而导致的退货过程，比赛期间应设定相关的流程管理尽量避免退货物流的产生；废弃物处理物流，这个环节随着赛事对绿色环保的要求越来越高越发显得重要，应在对废弃物回收处理的同时注意绿色环保和资源的再利用，以降低赛事的成本。

4.2.2 大型体育赛事物流资源协同管理的层次维度

大型体育赛事物流资源系统是一个开放而且复杂的系统，对于协同的层次，不同的专家从不同的角度给出不同的分类。本文从管理的角度把大型体育赛事物流资源协同分为决策层协同、任务执行层协同、资源层协同和支撑层协同四个层次。

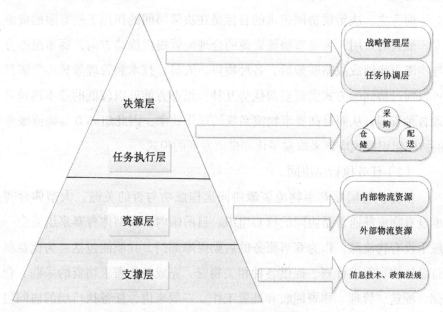

图4-7 大型体育赛事物流资源协同层次维

（1）决策层协同

在大型体育赛事物流资源系统中，决策层的协同是系统协同的最高层次，决策层是赛事物流资源系统的指挥中枢，它负责统筹规划整个物流活动，包括赛前、赛中、赛后的物流流程，控制和协调各主体间的运作，以保障各个物流环节能有效地衔接，从而实现物流资源最有效的利用和服务质量的整体最佳。决策层的集中管理在聚合、激励、配置等方面都显示出独特的效率优势。我国大型体育赛事大多是国际上的综合和单项运动会，以往赛事的运营模式是单纯的"政府主导"型，目前逐步转向"政府主导、市场运作型"模式，这种模式是我国准公共产品供给的普遍模式。体育赛事组委会承担着我国大型体育赛事的组织管理工作，现状是组委会几乎包揽所有的赛事运作，组委会的构成一般是赛事承办城市的相关政府部门、体育局、近些年出现的一些相关的赛事活动的推广组织或公司等组成。政府的介入，给赛事提供很多政策上的优惠和大量的社会资源，在整合和调配资源方面发挥着关键的作用。从本质上讲，大型体育赛事组委会其实是政府权力的一种延伸。

简言之，决策层协同追求的目标是在决策协同的作用下使有限的资源发挥最大的效用，为赛事物流资源的合理配置提供战略方向，赛事组办方与物流企业结成战略联盟后，各种物资、人员、技术和管理等核心资源都可以通过协同的方式实现资源优势互补，组办方能够以较低的成本迅速获取各种资源，从而提高赛事物流系统的运作效率，因此组办方与物流服务商协同组织模式应该采取扁平化和横向发展的模式。

（2）任务执行层协同

任务执行层是赛事物流资源协同运作成功与否的关键，大型体育赛事设有物流部通常是协同的核心组织。目前国内，大型体育赛事组委会一般下设有物流部，作为赛事服务的后勤保障部门，其职能包括：为比赛制订总体物资需求计划、提供各种相关物资、完成各类需求物资的采购、仓储、配送、管理、物资回收和处置工作。一般来讲，任务执行层的协同包括以下几方面的内容：采购协同、配送协同、仓储协同、回收协同。

（3）资源层协同

资源层是整个物流体系的基础，在整个大型体育赛事物流体系中，资源层可以分为内部物流资源和外部物流资源两大类。内部物流资源主要指能为赛事组办方所使用的物流资源，外部物流资源主要是赞助商、合作伙伴、物流服务商所能提供的物流资源，包括各种设施设备资源、人力资源、管理资源、技术资源等。

（4）支撑层协同

支撑层协同也可以叫做技术层协同，主要是通过协同技术的应用和推广，为大型体育赛事组办方和供应商提供一个可以实时信息共享和沟通的平台。技术协同为决策层协同和任务执行层协同提供有力的支持，是实现整个物流资源系统协同的基础和关键。

大型体育赛事物流系统所需要的技术资源主要包括软件技术资源和硬件技术资源。软件技术资源包括各种物流技术（如标识代码技术、自动识别技术和数据采集技术）、管理技术（如电子自动订货系统、客户关系管理系统）、标准化技术（如业务流程的标准化、物流作业标准化）等资源。硬件技术主要是指计算机硬件以及相关外部设备等实体资源，主要功能是主办方、客户能及时通过可视化或监控系统掌握货物的最新情况。

从流程的角度来看，赛事组委会提出采购需求，物流组织将内部需求进行整合，采购部门制订采购计划，和供应商或赞助商签订物资采购协议，对采购流程进行质量控制、供应商管理和具体的合同维护，接着要组织安排相关物资的仓储和配送，协调各种资源，按照赛事物流需求提供物资的供应，客户再次提出需求计划，由此形成一个流程闭环。在上述的流程当中要求大型体育赛事组办方、第三方物流企业、供应商物流资源和物流联盟四个层面达到物流资源的协同。

自有物流资源指赛事组办方自有的物流资源，具体包括现有的物流网络、工作人员、配送设备、物流信息平台、电子设备等，自有的物流资源对于组办方来说是最方便进行协调控制的。

第三方物流作为体育赛事的合作伙伴，是对赛事主办方自有物流资源的有效补充，是为主办方提供所需物流服务的以盈利为目的的物流组织。体育赛事主办方可以通过招标的方式进行筛选，之后签订合作合同。

供应商物流资源也就是供应商使用自己的物流资源对商品进行存储和配送，产品的报价当中已经包含了物流费用。

物流联盟是不同的物流组织为了完成一项物流任务而结成的一种合作关系，从而可以实现组织之间的资源互补和网络共享。

4.2.3 大型体育赛事物流资源协同管理的主体维度

认识和描述赛事物流资源协同主体是大型体育赛事物流资源协同的重要内容。大型体育赛事物流资源协同管理的主体主要包括：主办城市的体育局管理者、赛事组委会、员工和物流合作伙伴。这些主体是构成赛事物流资源协同体和协同关系的基本要素，是形成资源协同体的基础。它们各自在资源协同过程中的协作关系和主要职责见表4-1所示。

表4-1　大型体育赛事物流资源协同的主体分类及职责表

主体类型	不同主体在物流资源协同应用中的主要职责
赛事管理者	拥有赛事管理层物流资源协同方案决策权
赛事组织委员会	确定哪些物流资源可协同及如何协同
员工	物流资源协同应用的主要实施者
合作伙伴	赛事物流资源提升利用率和降低成本的保证

4.3　大型体育赛事物流资源动态联盟协同模式分析

模式是解决一种相类似问题的方法论，是对解决这些问题的方法进行总结，并上升至理论高度。Alexander给出了模式的经典定义："每个模式描述一类问题，这些问题在我们的环境中不断出现，然后描述了解决这些问题的核心所在。通过这种方式，您可以多次使用已经存在的解决方案，而不必重复相同的工作"。模式是一种良好的指导，在它的指导下能很好地完成任务，有助于产生一个能实现结果的好方案，获得事半功倍的效果，并将获得解决问题的最佳方法。

我国大型体育赛事都是规模很大的体育盛事。因此，组织和管理赛事物流是一个非常复杂的系统工程。虽然大型赛事物流自身在时间和空间上具有一系列集中爆发特点，但在本质上仍然归类于物流活动，是一种临时的、高质量的、大型的物流活动。

4.3.1　大型体育赛事物流运作模式的现状分析

（1）亚运会与大运会物流运作经验分析

20世纪90年代，亚洲运动会（以下简"亚运会"）作为当时影响力巨大的一项赛事正式落户中国。当时的中国正处于计划经济向市场经济的过渡时期，第三方物流还比较落后，尚处于起步阶段，因此亚运会的运作模式还是非市场化外包模式。

首先，专业化的物资管理机构还没有出现，通用的做法是由政府出面来协商物流需求。其次，政府确定了亚运会所需要的物流任务，没有竞争存在。再次，之前的亚运会物流设施不够完善，主要是靠简单的人拉肩扛，主要目的是满足应急，并且不惜成本。而从2011年开始，在运作模式上世界大学生运动会（以下简称"大运会"）发生了很大的变化，主要体现在市场化运作机制的改变。大运会的物流均可由企业通过市场竞争来参与，通过委托第三方物流企业可以完成包括赛前物流、场馆设施物流、赛中配送物流等各种物流活动。

近年来在中国举办的各项体育赛事的数量逐渐增加，因此对相关物流活动的需求也发生了巨大的改变。参照1990年亚运会和2011年大运会的物流运行模式，可以看出一项很明显的变化就是物流运作在朝着市场化运作机制上倾斜。

（2）历届奥运会物流运作经验分析

自1896年雅典举办第一届现代意义上的夏季奥运会开始，至今已经过了100多年的岁月。由于当时特殊的历史，那时的奥运会的主旨是和平，政府控制着所有的物流活动。具体来说就是政府规定各个单位所需要完成的物流量来满足物流需求。由于政府的出面，市场竞争在物流活动中没有出现，其物流活动的首要任务是应付其应急需要。

1984年洛杉矶奥运会的成功运作，开创了奥运会商业运作模式的新时代，主办方通过市场化运作模式将赛事物流服务外包给第三方物流企业，这种模式后来发展成了历届奥运会物流活动的主要模式。悉尼奥运会第一次将物流工作外包给了一家物流供应商。根据奥委会的数据表明，悉尼奥运会的商业运作是最成功的，利用第三方物流的形式，组织大规模全国性的重要物流活动，实践证明，这种模式是可行的[91]。

大型体育赛事举办的时间短，物流任务繁多复杂，实践证明，先进物流技术的应用能够促进赛事物流任务的有效完成，而且在一定的人力、物力条件下，物流服务外包具有很大的优势。此外，大型体育赛事开放性的特征决定了它必须和商业社会进行各种物质能量的交换，只有这样才能够走的长远。因此，赛事自身的特征和社会大环境共同决定了赛事物流的市场化外包模式。

在选择第三方物流公司时，历届奥运会组委会考虑的主要因素包括：公司业绩规模、公司的物流服务质量、公司的管理水平、公司的技术装备水平、公司的经验及网络化管理能力和公司的品牌信誉等。奥运物流服务商首选外包对象往往是技术装备水平和管理水平先进、物流服务质量高、公司规模大、网络化管理能力强、有从事相关项目经验的第三方物流公司。

2000年的悉尼奥运会和2004年的雅典奥运会都是采用的物流外包模式，物流服务商的数量主要由主办城市的物流发展水平所决定的。例如澳大利亚较为发达，物流行业的发展也比较完善和成熟，因此作为规模较大的私营企业——Linfox物流公司成为2000年悉尼奥运会的总外包服务商。Linfox公司在物流管理、仓储、配送、库存管理等各个方面的水平很高。物流网络遍布澳大利亚、中国、印度等多个国家，而且在国内该公司拥有250个物流中心，4 000多辆运输车，2个机场和1 000 000 m²的专用仓库，能为澳大利亚提供全国范围内的物流服务乃至全球性的服务。而雅典由于经济相对落后，国内的物流企业规模较小，所以任何一家物流服务商都无法单独完成奥运会繁多、复杂的物流任务，所以由国内的四家物流服务商Schenker、UPS、Linfox、Maesk共同组成了LO4公司来完成奥运会的物流运作[92-93]。

2008年的北京奥运会，组委会把物流服务外包给了UPS公司，而国内的物流企业并没有借助这个平台崭露头角。虽然这些年，我国的物流行业发展很迅速，但多数物流企业在规模、物流网络、管理水平和技术上都无法和国际大物流公司相比。

（3）2022年北京冬奥会和残奥会物流运作经验分析

冬季奥林匹克运动会（以下简称"冬奥会"）物资保障涉及北京市、河北省张家口市两地三赛区40余个场馆、55个业务领域、28个类别。北京冬奥会、冬季残疾人奥林匹克运动会（以下简称"冬残奥会"）主物流中心于2021年2月1日正式启动运行。作为北京冬奥会首个启用的非竞赛场馆，这里不仅是开展赛时所需物资分拨、配送、通关协调及物流总体配送计划编制等服务保障工作的枢纽，也存储着各种办赛物资。主物流中心占地面积45 000 m²，总建筑面积81 000 m²，其设计采用"2+1+1"的建造模式，分为南北A、B两片库区，各有约30 000 m²，并与1个盘道和1个卸货平台相连，货运车辆可通过东侧盘道直接到达各层卸货平台，高效快捷，可满足赛事期间高频率、大规模的物流需求。

根据文献资料的记载，奥运会物流的运作模式经历了以下两个阶段：第一，非市场化外包阶段（1896年雅典奥运会—1980莫斯科奥运会）；第二，市场化外包阶段（1984年洛杉矶奥运会至今），这个阶段又分为分包阶段和总包阶段。

大型体育赛事物流外包模式分为总包服务模式和分包服务模式，不难理解，总包服务模式就是指主办方将赛事相关的物流服务项目外包给一家物流供应商。其优点是：组委会便于管理，且沟通相对容易；而对于物流企业来讲，在企业自身的内部框架下沟通较容易，更便于统一管理。其缺点是：组委会把物流任务包给一家物流公司的风险较大，物流成本较高；而对于物流企业来说对组委会提出的要求是非常高的，众多物流企业是没有机会参与其中的，而且符合要求的物流服务商虽在整体上的效率很高也并不能说明在整个赛事物流的各个方面都具有最高的效率。

大型赛事物流分包服务模式主要是按照赛事主办方指定的考核标准，

将赛事物流任务进行拆分，分别包给不同的物流主体。这样做有很多优点：首先分包的影响力比较小，组委会对众多服务商可以有效地管理；其次分包商可以集中精力发挥各自的特长。同样这种模式也存在着不足：一方面，服务商的增多加大了主办方管理的难度，相互之间的信息沟通也较为复杂和困难；另一方面，各个利益主体的目标不一致，容易出现虽然是合作但最终的协同效果不明显，甚至出现混乱的情况。

4.3.2 动态联盟运用于大型体育赛事物流资源协同管理的合理性分析

1991年，美国艾科卡研究所在受国防部和通用等大型企业委托所作的《21世纪企业发展战略》中正式提出：为了能够捕捉和利用多样化、动态化的市场机遇，企业需要在紧密合作和高度信任的基础上，有条件地选定一些合作伙伴，通过信息技术和网络将各企业的核心能力与资源集中，形成一个超边界的伙伴关系网式的临时组织，可以简单理解为"动态联盟"[94-95]。

动态物流联盟是指具有不同价值资源的相关物流企业，为迅速抓住某一物流市场机遇，通过协议的方式结成一种暂时性的联盟，这是动态联盟思想在物流领域的具体应用[96]。把物流战略联盟归类到协同学理论体系的研究领域，主要有以下两种原因。

（1）两者在研究对象、系统性质及系统形态上的兼容

两者的研究对象是相符的。协同论将其研究对象分解为由组元、部分或者子系统，这些子系统相互作用的基本形式是进行物质、能量或者信息等交换，由于子系统间彼此的交换和相互作用，将会产生一种新的结构或新的整体效应。而这种性质在微观子系统层次出现的概率是极少的[97]。

物流战略联盟是一个开放系统，而协同学的研究对象也是开放系统，这一点两者是相符的。从物流战略联盟的环境角度来讲，其孤立封闭的旧结构不能满足其增长目标，导致旧结构破坏失衡，所以我们需要在联盟内

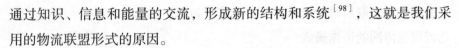

通过知识、信息和能量的交流，形成新的结构和系统[98]，这就是我们采用的物流联盟形式的原因。

两者的研究形式是相符的。协同论是一种描述结构有序演化的理论，是研究一个系统从原始均匀的无序态发展为有序结构或者从一种有序结构转变为另一种有序结构的理论。物流战略联盟研究是由一种有序结构向另一种有序结构演化的过程，也就是协同论研究对象中的后一种。

（2）两者基本原理的兼容

作为一种人工设计的特定系统，在现实中，物流战略联盟需要解决的是物流系统的优化问题。协同学理论的序参量原理、不稳定原理和支配原理同样反映了物流战略联盟的演化机理，并且可以为联盟的优化提供分析思路和研究方法。

大型体育赛事物流委员会是一个官方机构，其主要任务是负责整个体育赛事的物流组织和管理，并对整个物流系统进行规划。但是赛事物流委员会是一个临时机构，一方面，如果没有赛事物流运作所需的设施设备和专业性物流人才，单单依靠相关政府部门和组委会进行管理，很难达到预期的效果；另一方面，如果要赛事主办方仅仅为了一次体育赛事聘用大量专业物流员工，购买大量物流设备或兴建物流中心则会花费大量的资金，这种做法显然也是不科学、不明智的。大型体育赛事物流资源协同管理是一种物流资源高度整合、信息共享、高度协作的高层次的物流服务模式。大型体育赛事动态物流联盟不仅能够满足众多服务对象个性化、全程式的物流服务要求，而且还能在很大程度上减少政府部门对赛事的经济投入，而且还能给很多中小型的专业化物流企业提供一个共同合作、共同提升的平台。

4.3.3 基于动态联盟大型体育赛事物流资源协同模式构建

大型体育赛事物流服务需要不同的部门和物流服务商根据赛事物流需求和各自优势完成一个环节或多个环节的赛事物流任务。在这种背景下，本文结合动态联盟理论，构建了一种多方协作、动态组合的大型体育赛事物流资源协同的运作模式。

（1）协同的流程

本文认为大型体育赛事动态物流联盟协同的流程为以下四步：

第一步：组委会筹备和组建大型体育赛事动态物流联盟的运作管理中心，具体由组委会下属的物流部和赛事物流紧密型合作伙伴共同组成；

第二步：赛事动态物流联盟运作管理中心根据赛事物流的具体任务，将其分解为若干个相对独立的物流子任务；

第三步：运作管理中心以完成各个子任务为目标，有针对性地寻找和筛选不同的物流企业作为半紧密型或松散型的合作伙伴；

第四步：根据具体的赛事物流子任务形成各个虚拟的物流团队，团队的组建需要兼顾任务的需要和合作部门与企业的具体情况。

（2）协同的运作模式

由于赛事主办方物流能力和物流资源的有限性，不具备所有满足大型体育赛事物流服务的人员、设备、物流中心等资源，因此则考虑采用动态联盟的运作方式，赛事动态物流联盟的组织、构建、运作与管理是围绕着赛事总体物流任务进行的。

首先，大型体育赛事物流资源协同的运作模式（见图4-8所示），是一种由核心层和外围层共同组成的双层结构，核心层是由盟主和紧密型合作伙伴组成，合作伙伴的选择是根据核心能力确定的，每个合作伙伴是相互独立的，核心层成员之间是紧密的合作关系，合作程度较高，流动性较小，彼此间相互信任、风险共担、资源共享，但不涉及产权的合作。为实现资源协同的战略目标，大型体育赛事物流联盟协同运作管理中心归属于赛事组委会物流部，具体由物流部和核心层合作伙伴共同负责，对整个动态物流联盟的赛事物流作业活动进行控制和协调管理。

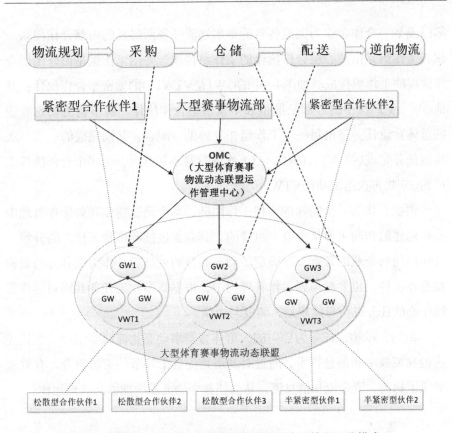

图4-8　基于动态联盟的大型体育赛事物流资源协同运作模式

外围层是由半紧密型和松散型的合作伙伴构成，主要职责是辅助核心层完成具体的赛事物流任务，外围层所负责的物流任务一般不涉及关键技术，合作程度较低，对赛事动态物流联盟的影响较低，合作的方式是通过与核心层签订合同，外围层的合作伙伴可替代性较强，赛事物流部门和核心层的合作伙伴在动态物流联盟构建和运行的过程中根据赛事物流的任务挑选合适的外围合作伙伴，虽然赛事物流任务是由动态物流联盟和外围层共同完成的，但从本质上讲，外围层并不属于动态物流联盟。

其次，大型体育赛事动态物流联盟是以物流任务为导向的。工作组（GW）是组织结构的最基本组织单元，GW1、GW2、GW3等若干个工作组共同组成了赛事动态物流联盟的虚拟工作团队——VTW，VTW1、VTW2、VTW3分别由一个核心GW领导与管理。GW是赛事物流相关的某部门或某一合作企业为完成各自的赛事物流任务所组成的内部合作团队。核心工作组是由核心层合作伙伴的工作组构成，外围工作组是由外围层合作伙伴的工作组构成。如图4-8中的GW1是VTW1中的紧密型合作伙伴；其他GW是VTW1中的外部松散型和半紧密型合作伙伴。赛事物流动态联盟的总体物流任务是由每一个工作组相互协助、配合，共同完成的。当一次物流任务完成后，VTW解体，当下次体育赛事筹办时，由多个合作伙伴组成的GW将再次组成新的VTW。

再次，作为一个特殊的虚拟工作团队，赛事动态物流联盟运作管理中心在构建的初期主要是由盟主组建的，其职责包括赛事物流任务的分解、合作部门与企业的筛选。在确定了动态联盟的成员后，作为组办方的紧密型合作伙伴，也要参与到运作管理当中，根据赛事物流任务共同对运作管理中心的任务进行总体规划、调度与协调。

最后，以物流任务为导向的大型体育赛事动态物流联盟结合了现代先进的物流技术和信息技术，通过对赛事物流各个环节的资源整合，有效地集成了物流、资金流和信息流，从而使整个物流系统能够高效地运作。

4.4　大型体育赛事物流资源动态联盟协同管理的机制体系

协同管理机制的研究起着基础性的作用，本文借鉴并修改了海峰模型对复杂系统机制研究的分类方法[99]，构建了大型体育赛事物流资源协同的机制模型，具体包括：形成机制、运行机制、进化机制和反馈机制，四种机制共同构成了大型体育赛事物流资源协同管理的整体机制体系，见图4-9所示。

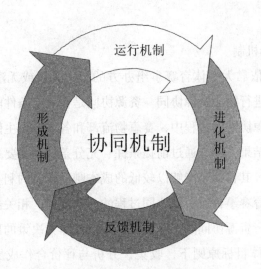

图4-9　大型体育赛事物流资源动态联盟协同管理机制体系

4.4.1　大型体育赛事物流资源动态联盟协同管理的形成机制

在环境既定的情况下，为了更好地应对环境改变而发生的影响，大型体育赛事物流资源协同管理系统应运而生。该系统的产生主要涉及以下三个方面：

（1）自组织机制

适者生存，物竞天择归根到底是生物在其进化过程中，自组织进化的一种常见现象。自组织理论提出，系统转化的根本动力体现为一种非线性作用机制，即系统内部之间相互约束、放大贯穿于它们进行能量、信息和物质等转换的整个进程中[100]。体育赛事中的所有者、管理者和参与者之间的非线性作用是该系统的自组织机制的主要载体。基于此，在他们之间构建一种非线性作用机制，并且逐步提供体育赛事物流资源管理系统的有效性，是实现对大型赛事物流资源管理和利用的关键所在。

由于系统在其主体追逐系统目标的进程中不断地被优化，自组织机制的表现形式是首先要积极地应对环境的改变；其次要主动地协调各个资源，加强彼此之间的联系，从而刺激协同系统产生新的功效，实现更好的配合。

（2）选择机制

由于仅仅依靠大型体育赛事组办方的努力难以或无法适应环境的变化，因此需要进行物流资源协同。资源协同是在一定条件前提下形成的，在形成物流资源协同的过程中，赛事物流部和各方合作主体同样面临着选择与被选择的结果，各方通过前提条件、充分条件和必要条件的筛选逐渐形成资源协同，其目的是能够以较低的成本赚取较高的利益。选择的机制反映着大型体育赛事物流资源协同过程的活动规律。相关部门在选择与其他成员企业进行资源协同时，往往将这些条件作为决策的出发点。在遵循资源协同的总体目标原则下，收集、分析与评价合作成员资源等有关信息，使资源符合协同条件，从而确保协同目标的实现。

（3）利益机制

在大型体育赛事物流资源协同的形成过程中，利益机制扮演着至关重要的角色。在进行协同管理的过程中，要确保系统内各部门和各成员企业资源要素的协同要与协同目标保持一致，合理地评估资源、分配利益是资源协同管理形成的关键。但是，假如主办方不能合理地对所获得的利益进行有效的分配，甚至在总利益看似增加的表象下，实际利益不变或下降，这种条件下无法实现真正的管理协同。因此，为了确保协同管理取得的利益能够合理、公平地分配到各合作者当中，建立合理的利益机制是迫切需要的，各物流资源要素主体间利益的协调，可以实现各方的互利、互惠、双赢，从而促进赛事物流资源协同管理的形成。

4.4.2 大型体育赛事物流资源动态联盟协同管理的运行机制

由于赛事物流任务繁多复杂，不仅涉及了采购、运输、包装、仓储、配送、货运代理等各物流功能和要素的管理，而且还涉及政府、企业等多个单位和部门，为确保政府各部门之间、政府与企业之间政策和行为的一致性，需建立协同的运行机制，使赛事物流资源通过有效运转，使赛事物流系统取得协同效应，保障大型体育赛事的顺利进行。运行机制包括纵向协同机制和横向协同机制。

（1）纵向协同机制

赛事物流协同很重要的一个环节是赛事物流系统内部资源的纵向一体化，尤其是对于多主体、动态性的临时组织。随着赛事物流规模的扩大，沟通困难、资源不能共享、业务单元约束目标不一致等原因造成了管理成本的急剧增加。从资源的角度来讲，众多的子系统都包含在整个赛事物流内部资源系统里面，如组织管理资源系统、物流能力资源系统和信息资源系统。从资源共享的角度来讲，有形资源包括资金调动、人力资源等；无形资源包括品牌、公共关系、广告、员工经验、管理技能、技术等。目前赛事物流实践过程中的一个重点就是如何做到这些资源子系统与业务单元之间的协同整合。

（2）横向协同机制

由于每个成员企业或政府部门本身内部资源的有限性，赛事物流资源协同系统内，每个成员在技术、品牌、管理或者其他方面都具有特定的优势。诸如，有的成员比较擅长技术开发，有的成员具有品牌推广方面的丰富经验。物流资源的横向协同，是每个成员在利用自身资源的同时实现协同极大化的非常重要的一种实现途径。主办方通过整合利用其他成员企业的资源，从而拥有最核心的专业化资源，可以达到减少成本、提升质量、提高效率、增强效益，达到拓展市场的目的。

4.4.3 大型体育赛事物流资源动态联盟协同管理的进化机制

Gregory Bateson[101]认为从系统的角度来讲，共同进化是各行为主体合作与竞争关系的更深层次的诠释。因为赛事物流服务的各个参与主体在任务的执行过程中，一方面主体之间相互依赖，另一方面在很多方面存在着冲突和不一致，他们之间需要进行充分的沟通与交流，从而促成协同合作。

在赛事物流资源系统中，各子系统为了完成物流任务形成协同合作，它们之间是一种非线性的关系，彼此间不可分割、相互作用、相互促进，促使整个系统从稳定到非稳定，再从非稳定到稳定的有序发展和演化[102]。赛事物流系统演进的自组织过程主要分为三个阶段，如图4-10所示。

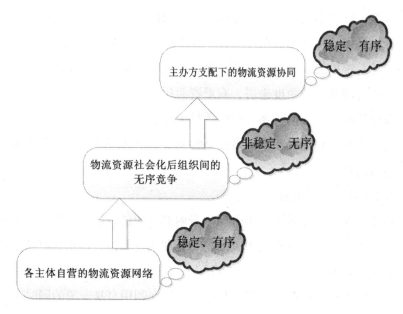

图4-10　赛事物流资源系统自组织演化过程

第一阶段，这个阶段的赛事主办方和各个物流合作主体都是相互独立的，各自的系统是封闭的、稳定的、有序的，各自使用各自的物流资源，相互之间没有任何沟通与合作，从整体上看，系统是一种相对稳定、有序的状态。

第二阶段，系统的不稳定、无序阶段。随着市场经济的发展，体育产业的发展方向又有所转变，体育赛事的物流组织逐渐演变为一个市场主体，如组办方将赛事物流业务面向社会外包出去。在这种情况下，众多社会化的物流组织开始争夺这个大客户。

第三阶段，系统的稳定、有序阶段。在市场支配下，各个主体间根据赛事物流服务的需求展开了不同程度的合作，通过有效沟通和资源共享，共同完成物流任务。这个过程的内生机理是各个主体间的自组织，其结果是多方资源的有效集成和高效配置利用，优胜劣汰，好的资源留下来，差的资源淘汰，这个过程就是大型体育赛事物流资源协同的过程。

4.4.4 大型体育赛事物流资源动态联盟协同管理的反馈机制

反馈机制在赛事物流系统运行中必不可少。具体通过控制机制和信息沟通机制确保赛事物流资源系统整体功能的稳定发挥。

（1）控制机制

在组办方物流部门的资源管理中，分为内部环境控制机制和外部环境控制机制两个方面。其中，内部环境控制机制的主要协调手段分为控制组织手段和激励协调手段；而外部环境控制则主要包括文化素质的影响和法律制度的制约两方面内容。外部环境控制是整个物流系统的外部大环境，它影响和控制着整个物流活动的开展，但它只有与内部环境控制机制相互作用，才能真正有效地实施资源系统的控制，调控各种干扰产生的不协同性，最终维持资源系统的协同。

组织手段的控制、协调手段的激励、文化素质的影响以及法律制度的制约可以对资源协同管理起到控制作用，但事实上它们相互之间还具有相互作用关系。组织手段和法律制度都是需要被强制实施的，它们都是硬性的控制机制，分别对应着物流系统内部的组织管理的规章、制度，外部的法律、法规。组织管理、规章制度要与外部的法律、法规相一致，只有这样，才能形成一股强硬的力量来控制整个赛事物流资源系统协同的进程。同样，文化素质和协调手段分别又对应着员工的文化背景、道德规范、内部政策和人际关系，它们是软性的控制机制，二者相互影响[103]。

（2）信息沟通机制

信息系统的组织性和复杂性，是事物具有的一种普遍基本属性。实际上，反馈是搜集或传递信息的过程，反馈的时间、内容及方式都需要明确。反馈的内容，是跨组织资源协同的运行绩效并作为未来协作和利用分配的基础。反馈的时间，是随着反馈内容和需要的变化而变化的。比如，对于评价内容的反馈，允许隔一段时间进行反馈，但对于突发事件的反馈，需要确保反馈的快捷和及时。通过序参量的支配作用，大型体育赛事物流资源系统将会产生新的时间、空间和功能结构，即由无序的变革阶段转换为新的有序，进而使该系统的整体功能更加完善。资源协同也会产生这种整体功能效应，但这种整体功能效应能不能确定是资源协同所达到的协同效果我们不能妄下结论，要得出正确的结论，需要通过反馈系统将系统达到的效果与协同目标相比较。

综上所述，大型赛事物流系统需要有各项机制保障资源协同能力发挥作用。形成机制、运行机制、进化机制和反馈机制是一个整体，缺一不可，相互作用，共同为大型体育赛事的主办方物流资源协同的形成及发展提供了良好的环境。

4.5　本章小结

第4章对大型体育赛事物流资源系统协同管理的框架进行分析，首先，阐述了大型体育赛事物流资源协同管理的目标主要，包括高安全性、高效率和低成本三个方面。其次，提出大型体育赛事物流资源协同管理必须遵循四个原则，即整体性原则、整合性原则、适应性原则和效益性原则。重点分析了大型体育赛事物流资源协同管理的三维模型，从内容维、层次度和主体维三个角度对协同管理进行全面的分析。基于动态联盟理论，结合了大型体育赛事物流服务的特征，提出了大型体育赛事物流动态联盟运作模式。最后对大型体育赛事物流资源动态联盟协同管理的机制体系进行了描述，具体包括形成机制、进化机制、运行机制和反馈机制，这四种机制是一个整体，相互制约、相互影响，缺一不可。

第5章 大型体育赛事物流资源协同演化模型及协同度评价

大型体育赛事物流资源协同演化模型及协同度评价的目的是运用定量化分析系统协同的过程与效果。选取1996—2012年奥运会物流资源系统的原始数据进行实证分析，目的是检验大型体育赛事物流资源协同演化模型及协同度评价模型的可操作性和科学性。

5.1 大型体育赛事物流资源系统协同演化模型构建的依据

哈肯认为系统的协同是系统内部的多个子系统之间存在着相互竞争，子系统的竞争会使整个系统演变，通过这种竞争使某一趋势得到优化或者几种趋势趋于一致，从而形成一种新的趋势。序参量作为整个系统的一个变量，决定着系统演化的方向。

通过协同学中的支配原理可以看到，在一个系统从无序走向有序，或者从低级有序走向高级有序的过程中，每个变量对系统产生的影响都是不一致的，其中少数变量对多数变量起着支配的作用，而且系统的演化方向最终是由某些少数变量决定的。因此，我们在对一个复杂系统进行分析时，掌握了这些少数的变量，就能够挖掘出整个系统的序参量。根据哈肯的协同学，可以归纳出序参量具有以下三个特征：

①序参量不是微观参量而是宏观参量，它不是系统中的个别要素或某个子系统表现出的行为，序参量往往能够能描述整个系统的总体行为；

②序参量的形成是来源于系统内部的，是系统内部多个子系统相互协调、相互配合的产物，序参量体现着各个子系统协同效果；

③序参量对整个复杂系统起着支配作用，决定着系统的演化过程与方向。

5.2 大型体育赛事物流资源协同演化模型及协同度评价

5.2.1 大型体育赛事物流资源系统的构成

大型体育赛事物流资源种类非常繁多，导致赛事物流资源分类难以达到完备性，几乎不可能一次性全部将其完整的定义出来，而且这种分类随着人们实践的不断深入和认识的不断提升，可能还需要对物流资源的分类进行调整和修改，因此物流资源的分类应该是一个循序渐进、不断完善的过程。

从一般意义上来说，和所有的复杂系统一样，大型体育赛事物流资源系统是一个有机整体，都是由人、机、物等要素资源构成的。本文结合大型体育赛事的特征和赛事物流的内容，对相关的物流资源进行划分，具体分为物流组织管理资源、物流网络资源、物流能力资源和物流信息资源四个子系统，如图5-1所示。

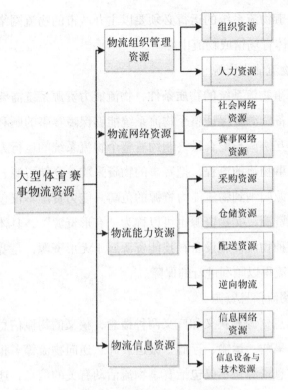

图5-1 大型体育赛事物流资源构成图

（1）物流组织管理资源

大型体育赛事物流组织管理资源包括以主办方为主的物流部门的组织资源和人力资源，具体包括赛事物流部门的规章制度、管理团队、规范化程度、物流知识和员工人数及结构等。目前，国内的大型体育赛事物流团队，如奥运会物流部门的工作人员包括：一是正式调任和招聘的物流部工作人员；二是政府各部门派到组委会挂职工作的人员；三是赞助商的工作团队人员（如UPS公司、辛克、海尔公司和史泰博公司的人员）；四是定向培养的实习生。

（2）物流网络资源

物流网络是由体育赛事物流作业活动现实运行载体的空间位置构成的网状结构系统，是赛事物流系统的运行平台。将系统中的仓储资源、配送等硬件要素提取出来之后，剩下的路网系统就成了赛事物流网络资源的核心骨架。赛事物流系统的运行必须要以主办城市的物流网络为基础，选择新建或租用体育场馆或物流中心。

（3）物流能力资源

作为赛事物流系统的物质条件，物流能力资源系统需要大量的设施设备、技术装备资源来保证整个物流系统能够保障赛事的顺利举行，各种物流资源的相互协调与配合最终制约着整个物流系统的运行方向。本文按照大型体育赛事物流的流程，把赛事的物资采购、仓储资源、配送资源以及逆向物流资源归纳到物流能力资源的范畴。能力资源不仅包括实物资源，还包括技能资源，实物资源也可以称为"有形资源"，具体包括赛事期间所需要的各种物流设施设备；技能资源属于无形资源，是赛事物流无形的要素，是物流得以顺利进行的保障。

（4）物流信息资源

物流信息资源有狭义和广义两种概念，狭义的物流信息资源是与赛事物流活动（采购、运输、存储、搬运装卸、逆向物流等）相关的信息。广义的物流信息资源是不仅包括赛事物流活动有关的信息，还包括与之相关的其他信息。本文中的物流信息是从广义的角度来理解，赛事物流信息资源要素是连结大型体育赛事各类物流资源的纽带，具体包括：在赛事物流活动中所需的内、外部信息，物流信息处理与传递的方式与途径（具体涵盖了各种信息设备、软件和技术）以及物流信息共享机制等。

5.2.2　大型体育赛事物流资源系统状态参量的选取

（1）状态参量的选取原则

大型体育赛事物流系统在每一个确定时点的状态变量，是用来描述系统在功能和结构方面的变化，状态参量的选择要遵循以下几个原则：

第一，科学性。状态参量选择的科学性直接关系到系统分析结果的准确性和可靠性。系统的状态参量要能真实反映出赛事物流系统及各个子系统的运作现状和存在的问题，科学地描述整个系统及各子系统的协同状态。

第二，层次性。系统及各个子系统状态参量的选择必须要分清主次，在每个层次中选取必须科学、准确地评估赛事物流系统及各子系统的状态参量，提供有效的反馈信息，为更好地分析和决策打下坚实的基础。

第三，可行性。赛事物流系统的状态参量纷繁复杂，涉及面广，因此系统状态参量的选择要抓住重点、选取系统关键的状态参量，还要在坚持简单原则的基础上确保其有效性，状态参量应便于获取，简单易懂，要用最简单的状态参量体系反映出系统最真实的状况，完整地反映系统及各子系统的特性。

第四，特殊性。赛事物流系统及各子系统在运行中具有复杂系统的一个典型的特点：存在效益悖反关系，不同子系统之间或许在系统目标、具体运作上存在冲突。因此，在构建赛事物流资源系统协同度综合评价的状态参量体系时，要充分考虑到赛事物流系统协同的特殊性。

（2）状态参量的选取

本文对大型体育赛事物流资源系统进行了分类，具体包括：物流组织管理资源、物流网络资源、物流能力资源、物流信息资源。分类框架是按照大型体育赛事物流运作流程的实际需要来进行划分。依据体育赛事的物流资源需求的多样性和不确定性、阶段性与瞬间集聚性、服务主体的差异性、物流实物资源使用的安全性、赛事物流资源使用的流程性特征确定整个大型体育赛事物流资源系统的状态参量，具体见表5-1所示。

表5-1　状态参量分类

子系统	一级指标	二级指标
物流组织管理资源	组织资源	管理模式
		部门设置合理性
	人力资源	员工人数
		员工结构
物流网络资源	社会网络资源	路网密度
		道路安全
	赛事网络资源	路径长短
		路网结构
物流能力资源	物流规划	需求预测精度
		物流成本控制
	采购资源	准确交货率
		供应商满意度
	仓储资源	仓库容积利用率
		验收入库效度
	配送资源	配送货物数量
		配送速度
	逆向物流	回收的及时性
		有害物质生成量
物流信息资源	信息交流方式	信息延展度
		信息强度
	信息质量	信息准确度
		信息有效度
		信息及时度

5.2.3 大型体育赛事物流资源系统协同演化模型构建

根据协同学理论的伺服原理，通过定量研究来探寻系统内部各子系统之间的关系和演变规律，构建大型体育赛事物流资源系统的协同演化模型，通过这个过程确定系统演化的序参量。具体计算过程如下：

步骤1：状态变量的无量纲化处理。

步骤2：对序列进行AGO（累加生成）处理。

步骤3：设$X_i^{(1)}(t)$总变化率为$dX_i^{(1)}(t)/d_t$。

$dX_i^{(1)}(t)/d_t$：是由系统内部各个子系统自身发展与制约的作用决定的，也就是要素之间的内协同作用，本文用$a_{ii}X_i^{(1)}(t)$表示自身发展项，自身抑制项为$-b_{ii}(X_i^{(1)})^2$；赛事物流资源系统中各个要素间的协同与竞争称之为外协同作用，文章中用$a_{ij}X_j^{(1)}(t)$表示协同项，也就是要素j对要素i的协同作用，竞争项为$-b_{ij}(X_i^{(1)})^2$，也就是要素j对要素i的竞争作用；$f_i(t)$表示为系统的涨落。得到总变化率$X_i^{(1)}(t)$的方程表达式为：

$$\frac{dX_i^{(1)}(t)}{d_t} + a_{ii}X_i^{(1)}(t) = -(b_{ii} + b_{ij})(X_i^{(1)})^2 + \sum_{j=1, j \neq i} a_{ij}X_j^{(1)}(t) + f_i(t)$$

$$（5\text{-}1）$$

其中，（$i=1, 2, \ldots$）令$b_{ii}+b_{ij}=b_i$，$a_{ii}=a_i$，带入公式（5-1），则非线性方程可化为：

$$\frac{dX_i^{(1)}(t)}{d_t} + a_{ii}X_i^{(1)}(t) = -b_i(X_i^{(1)})^2 + \sum_{j=1, j \neq i} a_{ij}X_j^{(1)}(t) + f_i(t) \quad （5\text{-}2）$$

步骤4：令$f_i(t)=0$，确定参数a_i，b_i，a_{ij}。由于

$$\frac{dX_i^{(1)}(t)}{d_t} = X_i^{(1)}(t) - X_i^{(1)}(t-1) = X_i^{(0)}(t) \quad （5\text{-}3）$$

即：

$$X_i^{(0)}(t) = -a_i X_i^{(1)}(t) - b_i \left(X_i^{(1)}(t)\right)^2 + \sum_{j=1, j \neq i}^{n} a_{ij} X_j^{(1)}(t) \quad （5-4）$$

把$t=1, 2, 3, \cdots, n$分别代入公式（5-4），则有

$$\begin{cases} X_i^{(0)}(t) = -a_i X_i^{(1)}(1) - b_i \left(X_i^{(1)}(1)\right)^2 + \sum_{j=1, j \neq i}^{n} a_{ij} X_j^{(1)}(1) \\ \\ X_i^{(0)}(2) = -a_i X_i^{(1)}(2) - b_i \left(X_i^{(1)}(2)\right)^2 + \sum_{j=1, j \neq i}^{n} a_{ij} X_j^{(1)}(2) \quad （5-5） \\ \\ X_i^{(0)}(n) = -a_i X_i^{(1)}(n) - b_i \left(X_i^{(1)}(n)\right)^2 + \sum_{j=1, j \neq i}^{n} a_{ij} X_j^{(1)}(n) \end{cases}$$

整理后得：

$$Y_{iN} = B_i P_i \quad （5-6）$$

其中，

$$\boldsymbol{B}_i = \begin{bmatrix} X_i^{(1)}(1) & \left(X_i^{(1)}(1)\right)^2 & X_1^{(1)}(1) & \dots & X_{i-1}^{(1)}(1) & X_{i+1}^{(1)}(1) & \dots & X_6^{(1)}(1) \\ X_i^{(1)}(2) & \left(X_i^{(1)}(2)\right)^2 & X_1^{(1)}(2) & \dots & X_{i-1}^{(1)}(2) & X_{i+1}^{(1)}(2) & \dots & X_6^{(1)}(2) \\ \dots & \dots & \dots & \dots & \dots & \dots & \dots & \dots \\ X_i^{(1)}(n) & \left(X_i^{(1)}(n)\right)^2 & X_1^{(1)}(n) & \dots & X_{i-1}^{(1)}(n) & X_{i+1}^{(1)}(n) & \dots & X_6^{(1)}(n) \end{bmatrix}$$

$$\boldsymbol{Y}_{iN} = \begin{bmatrix} X_i^{(1)}(1) \\ X_i^{(1)}(2) \\ \dots \\ X_i^{(1)}(n) \end{bmatrix} \quad P_i = \begin{bmatrix} a_i & b_i & a_{i1} & a_{i2} & a_{i,j-1} & a_{i,j+1} & a_{ij} \end{bmatrix}^{\mathsf{T}}$$

在最小二乘法准则下，有

$$P_i = B_i^{-1} Y_{iN} \quad （5-7）$$

将$B_i^{-1} Y_{iN}$代入公式（5-7），可得到系统的状态方程组即系统的协同模型。

步骤5：系统协同模型仿真误差。

运用数值分析方法：四阶龙格——库塔法对系统协同模型进行数值求解，对还原后系统状态参量与系统真实值进行比较，得出误差序列。

步骤6：确定$f_i(t)$。

当$f_i(t)=0$时，协同模型不能够体现系统在演化过程中的涨落，而仅仅是反映系统内部各个子系统之间的一种非线性作用的平均效应，但是涨落在系统的发展演化过程中是至关重要的。

当$f_i(t)\neq 0$时，把$f_i(t)$代入公式5-7，可以求出非线性微分方程的数值解$X_i^{-1}(1)$。

$$令 X_i^{(1)}(1)-X_i^{-1}(1)=S_i(t) \tag{5-8}$$

利用误差序列$\{S_i(t)\}$建立周期模型$F_i(t)$求得$f_i(t)$序列。

$$F_i(t)=f_i(t) \tag{5-9}$$

步骤7：确定系统演化的序参量。

用字母r来表示状态参量的弛豫系数，各状态参量的弛豫系数分别表示为：$r_i(i=1,2,\ldots n)$，通过模型计算出各个状态参量的弛豫系数。哈肯协同学伺服原理认为系统的变化是由慢变量决定的，慢变量支配着快变量，弛豫系数相对较小的状态变量即为序参量，主导和支配系统的演化与发展。

5.2.4 大型体育赛事物流资源系统协同度的评价标准

协同度，即协同的程度，是系统内各子系统之间或子系统内部组成要素之间在发展、演化过程中彼此和谐一致的程度。协同度越大，表明子系统之间、要素之间配合的一致性、紧密性越强，越有利于系统目标的实现；协同程度越小，系统快速有序发展的阻力越大，则越不利于系统目标的实现。我们假设用［−1，1］之间的数值来表示大型体育赛事物流资源系统协同度的量度，数值1表示整个系统处于一种完全协同的状态，数值−1表示整个系统处于完全不协同状态；多数情况下，协同度的数值一般处于-1和1之间，而完全协同和完全不协同这两种状态是很少存在的。因此，大型体育赛事物流资源系统协同度的评价标准见表5-2。

表5-2 大型体育赛事物流资源系统协同度评价标准

协同度标准	［-1-0］	［0-0.5］	［0.5-0.75］	［0.75-1］
协同度评价	不协同	弱协同	中级协同	较好协同

5.2.5 大型体育赛事物流资源系统协同度评价模型

系统从一种低级无序状态走向高级有序状态的机理核心是由于在一个系统内部序参量之间的相互协同作用，它制约着系统内部各种资源的协同。系统协同程度的高低是由序参量的考核指标状况反映的。协同度评价的计算过程如下：

步骤1：系统各子系统的有序度模型

e_i表示某个系统发展过程中的序参量，$e_i=(e_{11}, e_{12}, ..., e_{1n})$，其中$n \geq 2$，$\beta_{1i} \leq e_{1i} \leq a_{1i}$，$i \in [1,...,n]$，$e_{11}, e_{12}, ..., e_i$可以是系统发展状况与运行机制的若干指标。为了不失一般性，文章假定$e_{11}, e_{12}, ..., e_{1k1}$的取值越大，系统有序度就越高，反之，则系统的有序度就越低。在公式（5-10）中，子系统的有序度用e_{1n}来表示。

$$u_i(e_{1i}) = \begin{cases} \dfrac{e_{1i} - \beta_{1i}}{\alpha_{1i} - \beta_{1i}}, i \in [1, k_1] \\ \dfrac{\alpha_{1i} - e_{1i}}{\alpha_{1i} - \beta_{1i}}, i \in [k_1 + 1, n] \end{cases} \quad （5-10）$$

其中，$u_i(e_{1i}) \in [0, 1]$，e_{1i}对系统有序度的贡献率越高，$u_i(e_{1i})$的值就越大。

e_i作为系统的序参量变量，我们可以通过$u_i(e_{1i})$的集成得到其对系统总的贡献率。文章运用线性加权求和法进行计算。

$$u_i(e_{1i}) = n \sqrt{\prod_{j=1}^{n} u_1(e_{1i})}$$

或者

$$u_i(e_{1i}) = \sum_{j=1}^{n} \omega_j u_i(e_{1i}), \sum_{j=1}^{n} \omega_j = 1 \qquad (5\text{-}11)$$

公式（5-11）中，$u_i(e_{1i})$ 为序参量变量 e_i 的系统有序度。

我们可以得知 $u_1(e_1) \in [0, 1]$，说明 e_j 对子系统有序度的"贡献"越大，子系统有序度就越高，反之 $u_1(e_1)$ 的值越小，子系统的有序度就越低。

步骤2：系统协同度模型

假定 t_0 为既定的某一初始时间，$u_1^0(e_1)$ 表示为系统某一个序参量的有序度，则对于系统在发展演变过程中的时刻（或时间段）t_1 而言，其有序度可用 $u_1^1(e_1)$ 表示，若 $u_i^1(e_i) - u_i^0(e_i) \geq 0$ 成立，说明子系统从 t_0 到 t_1 时段是协同发展的。

$$c = sig(.)\sqrt{|u_1^1(e_1) - u_1^0(e_1)| \, |u_2^1(e_2) - u_2^0(e_2)|} \qquad (5\text{-}12)$$

其中，

$$sig(.) = \begin{cases} 1 & u_1^1(e_1) - u_1^0(e_1) \geq 0 \text{且} u_2^1(e_2) - u_2^0(e_2) \geq 0 \\ -1 & \text{其他} \end{cases}$$

定义公式（5-12）为系统的协同度，由上公式可知：$c \in [-1, 1]$，C 值的大小与系统协同程度是一种正相关的关系，C 的值越大，系统协同度越高，反之则越低。

我们在对一个系统进行协同度的计算时，需要全面参考该系统内部每个子系统的现状，假如出现各个子系统的有序度有高有低，那么整个系统的有序度并不能提高，这就要求我们在对系统分析时，必须从整体的角度出发，通过分析子系统有序度的变化来把握整个系统的协同程度。

5.3 1996—2012五届奥运会物流资源协同演化模型及协同度评价

本文对1996—2012五届奥运会物流资源系统进行协同演化模型分析和协同度评价，一方面是由于目前奥运会是规模最大、影响最大的体育赛事，另一方面目前学术界对奥运会物流资源的研究主要集中在定性研究，而且考虑到同一阶段不同类型的大型体育赛事（如2010年的大运会和2010年的中华人民共和国全国运动会）的性质、规模、举办时间、参与主体都不相同，因此本文选取五届奥运会为例进行纵向的对比与分析。

5.3.1 近五届奥运会物流资源协同的现状分析

（1）五届奥运会的物流组织管理资源

在第26届亚特兰大奥运会中，物流委员会是在1994年正式成立，物流部门划分为四个部门，即：物流支持部、场馆物流、预算和行政部、废弃物管理与回收，具体见图5-2所示。

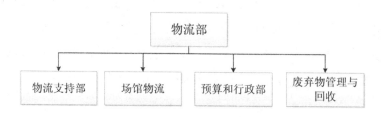

图5-2 亚特兰大奥运会物流部构成

第27届悉尼奥运会的组委会在1997年之前就对赛事相关的物流需求进行了评估，当年8月成立物流部，1998年形成物流规划。物流部具体分为场馆物流、奥运会管理、船运与航运管理、采购部、行政部，具体见图5-3所示。物流部与各个职能部门之间有效地进行沟通与协调，有效地保障了比赛物流任务保质保量的完成。第28届雅典奥运会，赛事物流部门的职责主要包括对物流中心管理、所有城市的物流规划，以及与组委会的其他职能部门进行合作与沟通，这届奥运会组委会没有足够重视赛事物流的管理与规划，物流部成立的时间晚，在管理过程中缺乏有效沟通，管理效率不高，管理方式没有统一，加大了物流部各方面管理控制的难度。

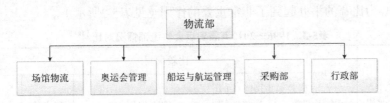

图5-3　悉尼奥运会物流部构成

第29届北京奥运会在举办前的三年，也就是2005年成立了物流部，物流部分为采购处、物流处、资产管理处。将采购处同物流处和资产管理处共同设置于物流部之下（见图5-4所示）。这样的机构设置一方面充分考虑了采购职能与配送职能、物资管理职能之间相互沟通、相互协调的重要性，另一方面便于赛后物资的回收和处置。

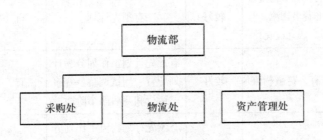

图5-4　北京奥运会物流部构成

（2）五届奥运会物流中心的运行情况

第26届奥运会没有专门建设赛事物流中心，利用现有的仓库，根据对各个赛事场馆物流需求的预测，采取就近原则在各个场馆附近选择仓库进行物资存储，每个仓库的大小是根据物流部的存储预测来决定的。这种方法一方面降低了主办方前期物流设施的投入成本，另一方面仓库的就近选择可以提高场馆物资及时配置、补充和回收的效率。同时，第26届奥运会物流部的仓储工作实际上也存在很多问题，具体表现在前期物流规划不准确、各个部门之间不能及时沟通，以及仓库的空间利用和布局也出现了问题。第27届奥运会建立了专门的物流中心，具体分为控制中心、仓库、配送车辆排序场所三个部门，而且每个场馆有各自的物流部门。由于悉尼的比赛场馆分布较为集中，物流中心与奥林匹克公园的距离仅仅2.5 km，物流中心为比赛的举办起到了非常重要的作用（见表5-2所示）。

表5-3 1996—2012五届奥运会物流部情况对比[104]

举办城市	比较项目				
	有无赛事物流部门	物流部门与其他部门的沟通情况	物流规划与需求预测情况	赛事物流中心	总体评价
亚特兰大	有，赛事物流	不佳	无统一物流规划，对物流需求量预测不准确	无	较好
悉尼	有，赛事物流，但成立过晚	好	有统一物流规划，物流需求明确	有	好
雅典	有，赛事物流和非赛事物流，但成立过晚	较好	有预先计划	有	较好
北京	有，赛事物流	较好	有预先计划工作划分为计划配置、测试调整、赛事运行和赛后四个阶段	有	非常好
伦敦	有，赛事物流	较好	有预先计划物流工作划分为计划配置、测试调整、赛事运行和赛后四个阶段	无（租用）	非常好

资料来源：张彩霞.奥运物流系统研究［D］.中国政法大学，2008.4.

雅典奥组委考虑了现存仓库布局的合理性以及面积的适用性，决定重新建立100 000 m²的赛事物流中心，而且考虑到配送的便利性，还新建了一条环城公路。从而使物流中心与各个比赛场馆的最近距离约10 km，最远距离约25 km。

（3）物流配送资源的使用情况

亚特兰大奥委会在1995年进行了需求量的预算，但是没有专业的物流运输设备，所以奥运会物流部选择和货运公司合作，在原有的基础上扩充了自己的运输设备资源。搬家公司、快递业务等物流服务商也被联合起来共同完成赛事物流。但是由于这是一届完全由私人运作的奥运会，除过高的商业化运作外，还发生了亚特兰大奥运会"奥林匹克公园"爆炸案、计算机系统的故障和众所周知的交通混乱。

悉尼奥运会提前制订了非常严密的主配送计划，赛事物流中心、场馆物流中心以及赛事供应商、道路交通等所有从事比赛场馆配送工作的组织和单位都能相互配合，遵从主配送计划实施配送，即"四把进门钥匙"：车辆司机和供应商的身份证明或相关证件、相关车辆在赛区的进入和停靠计划、主配送计划，所有配送车辆到达比赛场馆必须同时具备这"四把钥匙"，缺一不可。雅典奥运会的主配送计划比较细致，效果也不错，预先安排好了主办方和物流服务商到达各比赛场馆的配送时间。

北京奥组委的物流总体配送计划对物流中心和每一个场馆物流进行了统一规划，赛事相关的和非赛事相关的物流也是由北京奥运会物流中心进行统一规划，规划综合考虑了供应商和赞助商的需求，配送计划与物流中心可以进行及时的沟通。

（4）物流信息资源的使用情况

亚特兰大奥运会物流部意识到信息技术的重要性，虽然在库存管理方面采用了AS400软件对数据进行管理，但由于系统的输入数据太多，使用不便利，比赛时在大量库存情况下，信息系统几乎处于瘫痪；此外，仓储管理引入了条形码技术，但由于条形码的唯一性不能保证，这项技术的运用最终失败。

悉尼奥运会物流委员会开发了一套库存跟踪和物料计划系统，主要可以对资产进行管理、制订物资计划和配送计划，赛事举办期间，系统会自动地将每天的物资消耗数量、库存量进行更新，系统通过模块处理在每天晚上9点之前更新第二天的配送信息，根据信息在夜里进行配送，在第二天比赛开始之前完成当天所有的配送计划。

五届奥运会物流信息情况对比，见表5-4所示。

表5-4　1996—2012奥运会物流信息情况对比

举办城市	比较项目			
	信息技术使用情况	信息技术使用是否存在问题	值得借鉴的运作经验	总体评价
亚特兰大	开发软件对库存情况进行管理	系统设计不合理，没有考虑到大量物资入库的情况	1.VLM制度 2.将仓储空间与每个场馆对应起来 3.与社会力量合作，缓解运力不足	不好
	条形码技术，使用情况较差	条形码未做到与物品相对应，导致系统瘫痪		
悉尼	采用JDE供应商数据库和Lotus公司的产品组件，使用情况一般	1.没有对系统使用权进行统筹管理 2.没有全面充分理解用户需求 3.没有全面考虑各系统的兼容问题和使用便利性	主配送计划，"四把进门钥匙"	一般
	设计了资产追踪系统，使用情况较好	对于系统的设计过于乐观		
雅典	使用ERP软件；条形码技术	仓储缺乏先进物流技术导致浪费	重点突出，简化管理过程	好
北京	开发了奥运呼叫中心、奥运会VI户网、奥运城市通综合信息服务及求助系统；建立了可视化智能监控信息平台	没有严格控制信息成本	集中社会力量，缓解社会交通压力；物资追踪管理较好	较好
伦敦	物联网技术（二维码、云计算）；米其林公司的RFID（射频识别）技术；网络车载资通信解决方案，智能交通体系	对突发事件的预测和反应不够	众多高科技的使用，无接触终端，展示预付费、无接触支付等创新技术	较好

资料来源：①张彩霞.奥运物流系统研究［D］.中国政法大学，2008.；②掌盟人.伦敦奥运中的新科技［J］,电脑爱好者，2012（14）：14-24.

　　雅典奥运会采用了ERP系统对物流活动进行管理，该系统对资产控制、主配送计划、仓储管理系统以及相关法律法规进行了整合。奥运会物流的基础是主办城市原有物流基础设施，但同样不可忽视物流环境，且二者应当联系紧密，因此在ERP设计上既要考虑物流基础设施影响，也要考虑物流环境影响。雅典奥运会使用了条形码技术对物品进行分类和管理，由于奥运会物流运作极其复杂、庞大，因此对其进行过程简化也成为管理中的重点。雅典奥运会在这方面已做到优化管理，以条形码为例，如果将奥运会中单类产品进行细分，条形码数量有约100 000种，而雅典奥运会简化了管理过程，仅用了约30 000种。

　　北京奥运会的物流中心采用先进的可视化和数字化技术对赛事期间的物流活动进行管理与监控，信息技术的大量使用也保障了整个奥运会期间物流系统高效、安全、平稳的进行。同时北京奥运会期间的食品均使用统一配送方式，并使用电子标签，使食品相关信息一经扫描就可知道，从而更好地保障了食品的质量、安全。

　　2012伦敦奥运会和残奥会期间，来自世界各地的游客共有11万人，最多一天有300万辆汽车上路。保障交通、环境问题在奥运会显得非常重要。英国莱斯特大学的研究人员发明了一项新技术，可以监视交通对环境的影响，同时也可以改善交通管理问题。此技术被运用在伦敦奥运会中，伦敦整个城市车辆均使用全球定位系统，交通控制中心可以准确掌握各种车辆的位置。乘客也可以通过指示牌了解每辆车的到站情况，而站台上传感器同样可以把乘客信息传送回控制中心，使调度灵活进行车辆安排，为奥运交通提供了极大方便[105]。

5.3.2　近五届奥运会物流资源系统状态参量的赋值及灰色关联度分析

　　大型体育赛事物流资源系统部分状态参量的统计数据是可以在文献资料中查阅到的，而一部分指标是在国内外资料中查阅不到的，只有一些文字性的表述，需要通过文献资料法和德尔菲法相结合的方法来确定。德尔菲法是以一种匿名的方式，征求并收集专家的意见和建议，并进行归纳、分析、整理，对于一些无法查阅和估算的指标进行较为合理的定量分析，在此基础上，再进一步征求专家意见，经过多次论证与调整，并分析指标的可实现程度。主要有以下五个步骤：①确定专家，应该选取在体育赛事领域和物流领域内经验丰富的专家；②挑选具有代表性的指标，进行现状调查；③给这些匿名专家提供相关的背景材料，以不记名的方式征求专家意见；④汇总所有专家的意见，运用相关统计工具对调查结果进行分析汇总，并把结果反馈给专家；⑤经过不记名调查和意见收集与整理，最终形成调查的结论。

（1）状态参量的选取与赋值

大型体育赛事对物流组织管理水平的要求非常高，因此将组织管理能力看成是物流系统的一种资源是不难理解的，由于物流组织管理资源本身水平的高低和价值的大小必须要在实际的物流活动中才能体现出来，如何度量和量化是很有难度的，本文力求数据的可量化性与真实性，因此选取物流员工的数量作为衡量组织管理资源系统运行情况的指标。

现实中的物流运送路网是一个复杂系统。反映路网能力的度量指标及参数也十分繁杂。假设在赛事物流中心已经建成的基础上对整个网络资源进行分析，考虑到研究重点和路网资源的社会公用性，影响赛事物流作业的参数我们只保留路径长短（物流中心到各场馆的平均距离），其他参数，如道路容量、道路安全等指标的影响都忽略不计或隐含计入运送方式的相关参数之中。

现实中的物流能力资源一般都是以物流设施、设备硬件的方式存在的，所以我们大多用：多大库房面积、多少台运送工具、多少条专用铁路、多少座专用码头等硬件参数来计量表达其拥有的物流能力资源。如何在大型赛事物流资源的协同模型分析中科学度量物流能力资源，也是一个重要课题。本文把赛事过程中运送的货物总量作为衡量拥有物流能力资源的高低，由于赛事的比赛时间是固定不变的，我们假设在同样的单位时间内，赛事物流配送货物数量越多，赛事的物流能力资源子系统的相互协同能力越强。

一般用信息能力这个指标来反应物流资源系统的运作效率。信息能力包括先进信息技术的应用、信息技术设备利用能力、信息资源的开发与利用，以及信息人口的素质等因素构成。衡量赛事物流信息资源系统多用何种技术水平、何种信息系统、何种优质服务等软件指标来计量表达其拥有的物流能力资源，本文查阅了历届奥运会的资料，未见任何相关的量化统计数据，只有历届奥运会赛事物流信息资源文字方面的相关表述，主要是先进技术的种类及适用性的描述。本文把信息传递的有效性作为衡量信息资源子系统协同能力的高低。假定信息传递的有效性越高，信息资源子系统的协同能力越强。

（2）大型体育赛事物流资源系统状态变量的灰色关联度分析

奥运会的主办国家对赛事物流的相关研究，尤其是物流资源的量化指标较少，在1996年的亚特兰大奥运会之前，未查阅到任何关于大型体育赛事物流的任何量化指标，因此数据的选取从1996年亚特兰大奥运会开始，根据表5-5的数据，计算各状态变量的灰色关联系数，以确定各子系统之间的关联程度。

表5-5 大型体育赛事物流资源系统状态变量原始值

指标	年份				
	1996	2000	2004	2008	2012
员工人数	1 060	1 300	1 672	2 000	1 900
路径长短（km）	16	14.5	17.5	15.5	17.5
货物数量（万件）	1 300	1 800	280	2 600	3 000
信息有效性（%）	58	72	81	90	92

根据表5-5数据，文章对大型体育赛事物流资源系统各状态参量的灰色关联系数进行计算，确定整个系统内部各子系统之间的关联程度。赛事物流子系统状态参量的灰色关联度见表5-6所示。

表5-6 大型体育赛事物流资源系统状态变量灰色关联度

灰色关联度	员工人数	场馆与物流中心的平均距离（km）	货物数量（万件）	信息技术适用性
员工人数	1.000	0.973	0.831	0.782
路径长短（km）	0.973	1.000	0.725	0.748
货物数量（万件）	0.831	0.725	1.000	0.610
信息有效性（%）	0.782	0.748	0.610	1.000

通过计算可以得出以下结论：大型体育赛事物流资源系统四个子系统的状态参量之间的关联系数较高，相互制约和影响的程度较为明显，具有较强的灰色关联度，也就是说四个状态参量之间，各状态参量所代表的子系统具有较高的关联性，而不仅仅是一种简单的线性关系。它们之间的作用是非线性的、非均匀的、不可逆的、耦合和协同的。

5.3.3 近五届奥运会物流资源系统协同演化模型分析

在表5-7中，设x_1、x_2、x_3、x_4分别代表大型体育赛事物流资源系统的四个子系统，设$x_1(3)$表示大型体育赛事从事物流工作的物流员工人数，$x_2(3)$表示路径长短，即各个比赛场馆到赛事物流中心的平均距离，$x_3(7)$表示比赛期间完成的总的货物配送量，$x_4(4)$表示比赛期间物流信息传递的有效性。通过5个步骤进行建模：

①对状态变量进行无量纲化处理，处理后得到的数据序列为：$x_1^{(0)}(2)$、$x_2^{(0)}(2)$、$x_3^{(0)}(5)$、$x_4^{(0)}(4)$，具体数据见表5-7所示。

表5-7 状态参量标准化数据

指标	1996亚特兰大	2000悉尼	2004雅典	2008北京	2012伦敦
$x_1^{(0)}(2)$	0.676 54	0.563 15	1.484 54	0.623 62	0.445 32
$x_2^{(0)}(2)$	−0.887 82	−0.875	−0.633 99	−0.878 97	−0.849 12
$x_3^{(0)}(5)$	1.036 16	1.122 52	−0.297 87	1.077 92	1.201 69
$x_4^{(0)}(4)$	−0.824 89	−0.810 67	−0.552 68	−0.822 56	−0.797 89

②对序列$x_1^{(0)}(2)$、$x_2^{(0)}(2)$、$x_3^{(0)}(5)$、$x_4^{(0)}(4)$进行AGO处理，处理后的序列为$x_1^{(1)}(2)$、$x_2^{(1)}(2)$、$x_3^{(1)}(5)$、$x_4^{(1)}(4)$。

表5-8 状态参量AGO累加标生成数据

指标	1996亚特兰大	2000悉尼	2004雅典	2008北京	2012伦敦
$x_1^{(1)}(2)$	0.676 54	1.239 69	2.724 23	3.347 85	3.793 17
$x_2^{(1)}(2)$	−0.887 82	−1.762 82	−2.396 81	−3.275 78	−4.124 9
$x_3^{(1)}(5)$	1.036 16	2.158 68	1.860 81	2.938 73	4.140 42
$x_4^{(1)}(4)$	−0.824 89	−1.635 56	−2.188 24	−3.010 8	−3.808 69

代入表5-8数据，通过公式（5-7）得出B_i^{-1}，y_{in}的值，按照最小二乘法准则代入公式（5-7）求得P_i，参数的T检验显著，拟合优度好，$R^2=0.964$，通过了统计检验，把P_i代入系统的状态方程组，即可得到系统的协同模型：

$$
\begin{cases}
\dfrac{dx_1^{(1)}(t)}{dt} = -2.876x_1^{(1)} - 0.254\,(x_1^{(1)})^2 + 1.067x_2^{(1)} - 13.543x_3^{(1)} + 20.464x_4^{(1)} + f_1(t) \\[2mm]
\dfrac{dx_2^{(2)}(t)}{dt} = -4.876x_1^{(1)} - 0.934x_2^{(1)} - 3.245^{(2)} - 12.674x_3^{(1)} + 26.853x_4^{(1)} + f_2(t) \\[2mm]
\dfrac{dx_3^{(1)}(t)}{dt} = -2.097x_1^{(1)} - 1.432x_2^{(1)} - 0.756x_3^{(1)} - 1.765^{(2)} + 5.8x_4^{(1)} + f_3(t) \\[2mm]
\dfrac{dx_4^{(1)}(t)}{dt} = -0.131x_1^{(1)} - 2.321x_2^{(1)} + 0.324x_3^{(1)} - 0.342x_4^{(1)} + 6.432^{(2)} + f_4(t)
\end{cases}
$$

$$（5\text{-}13）$$

③系统协同模型仿真误差。运行数值分析方法：四阶龙格——库塔法，可以求得方程组的数值解$x_1^{-(1)}(t)$，$i=1, 2, 3, 4$，对系统状态变量值与系统真实值（标准化处理后的）进行还原，并对还原后的值进行比较，在表5-9中，可以看到所得的误差序列：

表5-9　系统协同模型仿真误差

年份	$x_1^{(1)}(t)$			$x_2^{(1)}(t)$		
	真实值	仿真值	相对误差	真实值	仿真值	相对误差
1996	0.67654	0.52641	0.15013	−0.88782	−0.86175	0.02607
2000	1.23969	1.17356	0.06613	−1.76282	−1.5263	0.23652
2004	2.72423	2.81936	−0.09513	−2.39681	−2.2597	0.13711
2008	3.34785	3.02894	0.31891	−3.27578	0.31826	3.59404
2012	3.79317	3.9278	−0.13463	−4.1249	−0.25143	3.87347

年份	$x_3^{(1)}(t)$			$x_4^{(1)}(t)$		
	真实值	仿真值	相对误差	真实值	仿真值	相对误差
1996	1.03616	1.12542	0.08926	−0.82489	−0.84923	−0.02434
2000	2.15868	2.35142	0.19274	−1.63556	−1.72634	−0.09078
2004	1.86081	1.62543	−0.23538	−2.18824	−2.01844	0.1698
2008	2.93873	2.92876	−0.00997	−3.0108	−3.1341	−0.1233
2012	4.14042	4.2153	0.07488	−3.80869	−3.9284	−0.11971

④确定$f_i(t)$。当$f_i(t)$=0时，模型只能反映出大型体育赛事物流资源各子系统之间非线性作用的平均效应，不能体现系统在演化过程中，偶然发生的涨落，而涨落对于系统演化的作用是非常重要的。

利用matlab代码及四阶龙格——库塔法，所求得的非线性微分方程的数值解$x_1^{-(1)}(t)$，令：

$$x_1^{(1)}(t)-x_1^{-(1)}(t)=S_i(t) \tag{5-14}$$

利用误差序列$\{S_i(t)\}$建立周期模型$\{F_i(t)\}$，则：

$$F_i(t)=f_i(t) \tag{5-15}$$

求得$f_i(t)$序列如下：

$$\begin{cases} f_1(t)=-0.004532sint-0.001253sin2t-0.006432cost-0.56738cos2t \\ f_2(t)=0.004326sint+0.006316sin2t-0.065387cost-0.026473cos2t \\ f_3(t)=0.006453sint-0.008563sin2t-0.006421cost-0.001438cos2t \\ f_4(t)=0.057425sint+0.071658sin2t-0.004582cost-0.096745cos2t \end{cases} \tag{5-16}$$

把$f_i(t)$代入公式，这样模型就能反映出大型体育赛事物流资源系统内外协同效应及其随机涨落，协同导致有序，导致系统演化。

⑤确定大型体育赛事物流资源系统演化的序参量

把各状态参量的弛豫系数分别设为$r_i(i=1, 2, 3, 4)$，从公式（5-13）的赛事物流资源系统的协同模型可以看出：状态变量$x_3^{(1)}$和$x_4^{(1)}$的弛豫系数与其他两个状态参量相比系数相对较小，其余两个状态变量是系统演化的慢变量。哈肯协同学伺服原理认为系统的变化是由慢变量决定的，慢变量支配着快变量。也就是说，物流能力子系统和物流信息系统为大型体育赛事物流资源系统演化的主要序参量，主导和支配着系统演化与发展。

5.3.4　近五届奥运会物流资源系统协同度评价

大型体育赛事物流资源系统由无序走向有序，关键在于系统内部序参量之间的相互协同作用，系统协同的程度是直接由序参量的具体考核指标状况反映的。通过上一节的分析与计算我们得出物流能力子系统和物流信息子系统为大型体育赛事物流资源系统的主要序参量。在对协同度评价中选取这两个子系统的指标作为系统协同度计算的输入变量。

（1）物流能力资源子系统

在物流能力资源子系统中分别在五个一级指标中选取一个较为重要且相对具有代表性的二级指标作为物流能力资源子系统的状态参量：物流需求预测的精度、供应商准确交货率、物流服务商配送完好率、物流中心库容面积和运输车辆的数量（见表5-10所示）。

预测精度：体育赛事物流部首先要对物流的需求量进行预测，预测的准确与否将直接对后面一系列的物流活动产生影响，因此预测的准确性至关重要。本文选取：需求预测误差和仓库需求量预测误差二级指标来进行评价。

供应商准确交货率：体育赛事物流管理部门无法单独完成所有的物流服务，因此必须挑选物流服务的供应商，而且要对其相关的物流活动进行有效的监督。供应商选择满意度是赛事主办方对物流服务的绩效进行评价，主要指标有准时交货率和质量合格率两个。本文选取供应商准时交货率来代表对供货商的满意度。

配送完好率：是指各种与赛事相关的物资能够在正确的时间，保质保量地完成配送。

库容面积：是指赛事主办方根据需求量，新建或租用的物流中心的面积大小。

运输车辆：是指赛事主办方和物流服务供应商专门用于赛事物流服务的运输车辆的多少。

表5-10 大型体育赛事物流能力资源系统的输入变量

子系统	指标	1996	2000	2004	2008	2012
物流能力资源	预测精度（%）	52	75	84	92	95
	供应商准确交货率（%）	75	81	86	98	99
	配送完好率（%）	90	95	96	98	99
	库容面积（万平方米）	13.1	6.75	8.65	21	33.1
	运输车辆（辆）	426	21	30	104	130

（2）物流信息资源子系统

本文参考国外学者Mehmet等人提出了DSCC（degree of supply chain coupling）方法，对供应链中节点企业与其伙伴企业之间的信息协同程度进行度量。DSCC方法用到了两个指标：信息延展度（information extent，简称"IE"）和信息强度（information intensity，简称"II"）。在此基础上进行改进，选取五个指标作为物流信息资源子系统协同度的输入变量（见表5-11所示）。

信息延展度（IE），也可称为"信息范围"，是赛事物流资源协同系统中进行信息协同的上下游主体的范围大小，反映了相关主体获取信息和传递信息的范围程度。信息延展度的值越高，说明与各主体间进行信息协同的合作伙伴数量越多、范围越广。

信息强度（II），也可称为"信息集成度"，表示系统中主办方与其他战略合作伙伴彼此间传递和共享信息的种类和数量，集中反映了各相关主体信息协同运作的程度。它包括：需求信息、供应信息、配送信息、库存水平等主要信息。信息强度的值越高，说明主办方与伙伴企业共享的资源信息的数量越多、种类越丰富。

信息的准确度，直接对赛事物流资源系统的整体运行产生影响。关系着主办方制订的各种计划的正确与否。

信息及时度，影响着系统对各种突发事件的反应速度。

信息有效度，决定着协同信息的价值，传递和共享对主办方和合作伙伴有用的信息才是系统信息协同的目的所在，尤其是顾客需求信息。

表5-11　大型体育赛事物流信息资源系统的输入变量

子系统	指标	1996	2000	2004	2008	2012
物流信息资源	信息延展度	68	76	78	86	92
	信息强度	66	72	80	88	90
	信息准确度	65	78	82	90	93
	信息及时度	70	76	85	90	91
	信息有效度	62	65	78	88	90

五届奥运会物流资源系统协同度计算具体分为三个步骤，即指标无量纲化处理、相关矩阵与指标权重计算和系统协同度的计算。

①指标的无量纲化处理。由于每个指标统计单位有所不同，使得各指标测量值也有所差异，于是必须对初始数据进行标准化统一处理，得到理论上统一量纲的基础数据。这个环节在系统协同度计算中是比较重要的环节，无量纲化处理的结果是否合理将直接关系到系统协同度计算结果是否准确。

设第 i 年第 j 项指数据为 $S_{ij}(i=1, 2, ..., n; j=1, 2, ..., p)$

令 $\overline{S_j}$ 为第 j 项指标的样本均值，即：

$$\overline{S_j} = \frac{1}{n}\sum_{i=1}^{n} S_{ij} \tag{5-17}$$

令 R_j 为第 j 项指标的样本均差，即：

$$R_j = \left[\frac{1}{n-1} \sum_{i=1}^{n} (S_{ij} - \overline{S_j}) \right]^2 \qquad (5\text{-}18)$$

标准化的数据为：

$$S'_{ij} = \frac{S_{ij} - \overline{S_j}}{R_j} \qquad (5\text{-}19)$$

本文通过统计软件SPSS对物流能力资源子系统和物流信息资源子系统的指标进行标准化处理，具体见表5-12和表5-13所示。

表5-12　物流能力资源子系统标准化数据

指标	1996	2000	2004	2008	2012
预测精度（%）	−0.473 47	0.490 64	0.591 71	0.270 93	0.106 73
供应商准确交货率（%）	−0.336	0.643 57	0.643 01	0.443 86	0.219 67
配送完好率（%）	−0.246 36	1.000 41	0.899 49	0.443 86	0.219 67
库容面积（万m²）	−0.705 96	−1.248 91	−1.340 9	−1.775 43	−1.641 07
运输车辆	1.761 78	−0.885 71	−0.793 31	0.616 79	1.094 99

表5-13　物流信息资源子系统标准化数据

指标	1996	2000	2004	2008	2012
信息延展度	−1.293 99	−1.286 96	−1.501 05	−1.358 62	−1.137 3
信息强度	−0.431 33	−0.701 98	−0.325 53	−0.701 23	−0.903 61
信息准确度	−0.215 67	0.078	0.036 17	0.284 87	0.109 06
信息及时度	0.647	0.857 98	0.759 57	0.832 7	0.888 03
信息有效度	1.293 99	1.052 97	1.030 84	0.942 27	1.043 82

②相关矩阵与指标权重计算。矩阵赋权法是一种反应指标之间相互关系的一种方法，指标间相互作用、相互影响的程度越高，相关系数的绝对值就越大；反之影响越低，相关系数的绝对值就越低。如果其中一个指标与指标体系中其他所有指标的总相关程度较高，那么说明该指标对其他指标的影响较大，而且这个指标在指标体系中的作用也较大，理应给其赋予相对较大的权数；反之，则赋予相对较小的权数。本文采用矩阵赋权法

对指标进行赋权，相关矩阵赋权的步骤如下：

设指标体系的矩阵用大写字母R来表示，小写字母n则表示每个具体的指标。

$$R = \begin{bmatrix} r_{11} & r_{12} & \cdots & r_{1n} \\ r_{21} & r_{21} & \cdots & r_{2n} \\ \cdots & \cdots & \cdots & \cdots \\ r_{n1} & r_{n2} & \cdots & r_{nn} \end{bmatrix} \qquad （5-20）$$

在这个矩阵中，$r_{ii}=1(i=1, 2, ..., n)$

$$R_i = \sum_{j=1}^{n} |r_{ij}| - 1 \qquad （5-21）$$

$$(i=1, 2, ..., n)$$

则R_i表示第i个指标对其他（$n-1$）个指标的总影响。假如R_i的值越大，表示第i个指标在指标体系中的影响越大，且相应权重也越大。所以，把R_i进行归一化处理，可以计算出各指标相应的权重：

$$w_i = \frac{R_i}{\sum_{i=1}^{n} R_i} \qquad （5-22）$$

$$(i=1, 2, ..., n)$$

通过运用相关矩阵法的计算，我们可以得到物流能力资源子系统和物流信息资源子系统指标，相关矩阵如下：

第一，物流能力资源子系统指标相关矩阵：

$$\begin{bmatrix} 1.000 & 0.873 & 0.917 & 0.999 & 0.793 & 0.892 \\ 0.991 & 1.000 & 0.839 & 0.972 & 0.969 & 0.981 \\ 0.936 & 0.898 & 1.000 & 0.911 & 0.989 & 0.991 \\ 0.999 & 0.938 & 0.981 & 1.000 & 0.975 & 0.982 \\ 0.739 & 0.869 & 0.899 & 0.968 & 1.000 & 0.991 \\ 0.891 & 0.891 & 0.789 & 0.999 & 0.938 & 1.000 \end{bmatrix} \qquad （5-23）$$

第二，物流能力资源子系统权值W_i的确定过程：

$$\begin{aligned}
R_1 &= 4.753 & W_1 &= 0.223 \\
R_2 &= 4.532 & W_2 &= 0.213 \\
R_3 &= 4.287 \rightarrow & W_3 &= 0.206 \\
R_4 &= 4.273 & W_4 &= 0.157 \\
R_5 &= 4.171 & W_5 &= 0.201
\end{aligned}$$

（5-24）

第三，物流信息资源子系统指标相关矩阵：

$$\begin{bmatrix}
1.000 & 0.967 & 0.975 & 0.939 & 0.941 \\
0.967 & 1.000 & 0.975 & 0.992 & 0.992 \\
0.975 & 0.928 & 1.000 & 0.970 & 0.939 \\
0.939 & 0.992 & 0.970 & 1.000 & 0.983 \\
0.941 & 0.992 & 0.939 & 0.983 & 1.000
\end{bmatrix}$$

（5-25）

第四，物流信息资源子系统权值W_i的确定过程：

$$\begin{aligned}
R_1 &= 4.736 & W_1 &= 0.189 \\
R_2 &= 4.837 & W_2 &= 0.193 \\
R_3 &= 4.828 \rightarrow & W_3 &= 0.197 \\
R_4 &= 4.829 & W_4 &= 0.202 \\
R_5 &= 4.840 & W_5 &= 0.219
\end{aligned}$$

（5-26）

③协同度计算。根据定义式（5-11），设$u_1(e_{1i})$为物流能力资源子系统协同度，其中$u_1(e_1) \in [0,1]$，e_1对系统有序的贡献率越大，$u_1(e_1)$的值就越大。

同理，设物流信息资源子系统有序度为$u_2(e_2)$，仿照如上讨论，同样可得$u_2(e_2) \in [0,1]$。

第一，物流能力资源子系统指标矩阵正规化为：

$$\begin{bmatrix}
1.0000 & 1.0000 & 0.0000 & 0.0000 & 0.6382 \\
0.8927 & 0.1873 & 0.8837 & 0.3198 & 0.1983 \\
0.8900 & 0.9847 & 0.6732 & 1.0000 & 0.9780 \\
0.7934 & 0.9423 & 0.3011 & 1.0000 & 0.9011 \\
0.0000 & 1.0000 & 0.0000 & 0.4683 & 1.0000
\end{bmatrix}$$

（5-27）

第二，物流能力资源子系统协同度：

$u_1^{1996}=0.2693$, $u_1^{2000}=0.3029$, $u_1^{2004}=0.3919$, $u_1^{2008}=0.4802$, $u_1^{2012}=0.5634$

第三，物流信息资源子系统指标矩阵正规化为：

$$\begin{bmatrix} 1.0000 & 0.0000 & 1.0000 & 0.0000 & 0.0000 \\ 0.8739 & 0.1625 & 0.9788 & 0.2911 & 0.1092 \\ 0.3902 & 0.4502 & 0.8900 & 0.3171 & 0.1477 \\ 0.7834 & 0.2213 & 0.5546 & 1.0000 & 0.9811 \\ 0.0000 & 1.0000 & 0.0000 & 0.3943 & 1.0000 \end{bmatrix} \quad (5\text{-}28)$$

第四，物流信息资源子系统协同度：

$u_2^{1996}=0.2764$, $u_2^{2000}=0.3472$, $u_2^{2004}=0.4204$, $u_2^{2008}=0.5082$, $u_2^{2012}=0.6389$

二者的协同度见图5-4所示。

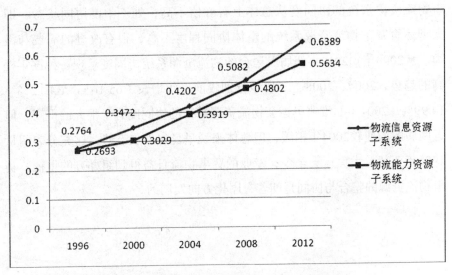

图5-4　物流能力子系统和物流信息子系统协同度

第五，2000—2012年四届奥运会物流资源系统协同度

根据物流能力子系统和物流信息子系统协同度的计算，可以计算出2000—2012年四届奥运会的物流资源系统协同度：

$c_{2000}=0.244$, $c_{2004}=0.403$, $c_{2008}=0.5405$, $c_{2012}=0.6125$

2000—2012年四届奥运会物流资源系统协同度实证结果分析。

表5-14　大型体育赛事物流资源系统协同度评价标准

年份	2000	2004	2008	2012
协同度评价	不协同	弱协同	中级协同	中级协同

首先，从图5-4中我们可以看出，物流能力资源子系统和物流信息资源子系统的有序度都是逐届上升的态势，但总体来说，两个子系统的有序度都不是很高。

其次，物流能力资源子系统和物流信息资源子系统对系统整体协同运作的贡献情况：信息资源子系统上升幅度较大，能力资源子系统上升幅度相对较信息资源子系统较小，说明信息资源子系统对系统整体协同的推动作用比能力子系统稍大，起着相对主导的作用。

最后，协同度变化所表明的趋势：从图5-5可以知道，大型体育赛事物流资源系统的协同度从总体上看峰值不高，处于中度协同状态，即大型体育赛事物流资源系统的整体协同程度不高，很有改进的需要与潜力。从2000年到2012年四届奥运会的物流资源系统协同度呈现一种逐年提高的趋势，2004、2008、2012年分别较前一年增长了65.16%、34.12%、14.99%，2004年的雅典奥运会物流资源系统的协同度有了很大的提高，但近两届的增速较2004年稍缓，但总体来说呈良好发展态势，这充分表明从1996年亚特兰大奥运会至今，专业的赛事物流日益得到组办方的重视，赛事物流资源的整合与协同是朝着有序化方向发展的。

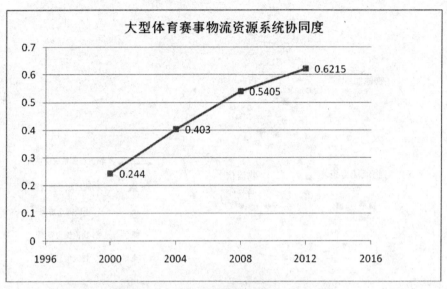

图5-5 大型体育赛事物流资源系统协同度

　　近五届奥运会虽然都设立了物流部门并进行了具体职能的划分，而且都运用了当时先进的物流技术、信息技术，在这种背景下，大型体育赛事物流资源系统的整体协同度虽然逐届上升，但整体的协同度并不高，因此要进一步推动大型体育赛事物流资源系统的发展，必须进行资源和信息的整合。目前，我国的大型体育赛事物流资源系统在一定程度上还处于彼此割裂的状态，资源和信息的流动不畅、信息交流方式落后，主要是通过赛事组委会部门网站发布信息；信息传输方向多由上到下，如赛事组委会把指导思想传输到主办城市政府部门、物流部，政府部门和物流部把动态信息传输到企业等，同一层级间信息的水平流动就更加困难。人才、资金等资源分布不均衡，各系统间资源有所交叉，但资源共享率总体偏低，没有形成合理的资源流动机制。

　　建立大型体育赛事物流资源协同管理平台（如图5-6所示），引导物流信息多方向、自由、顺畅流动，加强各子系统之间的联系与协作，是实现大型体育赛事物流资源系统协同发展的必经之路。平台的构建能够在很大程度上促进赛事各种物流资源的共享和优化配置，创新资源共享模式机制，从而提高整个物流系统的协同度。

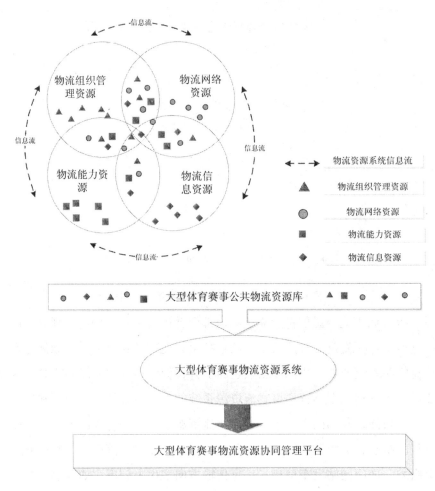

图5-6　大型体育赛事物流资源系统与信息整合示意图

5.4　本章小结

第5章构建了大型体育赛事物流资源的协同演化模型和协同度评价模型。查阅和搜集历届奥运会物流资源的具体数据，根据伺服原理，提取了几届奥运会物流资源系统的序参量，确定物流能力资源子系统和信息资源子系统是整个物流系统的主要序参量；在此基础上，分别对赛事物流能力资源和赛事物流信息资源两个子系统进行协同度分析，并把两个序参量作为输入变量，对大型体育赛事物流资源系统协同度进行计算，得出在整个物流资源系统中信息资源子系统对系统协同度的贡献较大。提出大型体育赛事物流资源协同管理平台的构建能够在很大程度上促进赛事各种物流资源的共享和优化配置，创新资源共享模式和机制，从而提高整个物流系统的协同度。

第6章 基于云计算的大型体育赛事物流资源协同管理平台设计

大型体育赛事物流资源协同管理平台建设主要是为了满足在大型体育赛事物流服务的各个环节中不同层次、不同主体的信息需求和功能需求，平台通过对物流数据的采集、处理和信息交换为赛事主办方和合作主体完成各类物流功能提供支撑，同时还起到政府相关职能部门之间信息沟通的枢纽作用，从而为政府的宏观规划与决策提供信息支持。

6.1 大型体育赛事物流资源协同管理平台的主体分析

6.1.1 大型体育赛事物流资源协同管理平台的主体分类

大型体育赛事物流资源协同管理平台的主体包括：赛事物流服务最终用户、赛事物流服务组织者、物流管理者、物流服务提供者和赛事物资供应商。

第一，赛事物流服务最终用户：他们是物流信息的主要来源之一，具体包括各项目的参赛运动员、教练员和裁判员，来自各地的媒体记者和观众、官员等。赛事物流服务组织者可以从他们那里得到服务系统的原始信息，如新闻设备或运动器材的数量、起运时间、运输工具、预计到达时间以及运输路径等。在物流过程中，他们需要赛事物流服务组织者提供物品的在途状态、预计达到时间等相关信息查询。同时他们的服务需求具有多语言、个性化、差异化、实时性等特征。

第二，赛事物流服务组织者：赛事组委会专门负责物流组织运作的工作人员。以奥运会为例具体包括赛事物流总调中心、各个物流中心的组织管理人员。他们是物流任务的具体完成者，包括对各个物流任务的执行、组织和实施控制。所以在赛事相关的物流活动过程中产生的所有物流信息都是他们需要及时了解和掌握的，如对某一场馆物流中心物品库存状况的实时监控。此外，物流部门也需要赛事物流的合作伙伴，如众多的供应商和赞助商的大量供货信息。

第三，物流管理者：主要指赛事组委会以及物流部门高层管理决策人员、主办城市政府部门的领导和工作人员，如市交管局、体育局、海关、检疫、航空、铁路、公路、商务局等单位。政府部门往往把大型体育赛事作为一项重要的政治任务，为了确保大型体育赛事的顺利开展，赛事物流的高层决策者通过赛事物流统计信息、预测信息、实时监控信息等的收集和掌握，以确保赛事的安全性、准确性和稳定性。

第四，物流服务提供者：主要是赛事组委会认定的提供商或物流商，这些提供者可以提供仓储、运输、保管、快递等各种物流服务，是赛事物流重要的物流业务支撑和赛事物流主要的信息来源。他们根据赛事物流部总调中心的安排提供相应的物流服务。

第五，赛事物资的供货商：主要在比赛期间提供赛事所需物资的各个行业的供应商，以及相关产品、器械、设施设备的生产制造企业。供应商根据总调中心的供货与采购信息以及赛区物流的缺货信息进行备货、发货。

6.1.2　大型体育赛事物流资源协同管理的信息需求特征

结合大型体育赛事资源的特征[106]，对其物流资源协同管理的信息需求特征进行了总结和归纳，主要体现在以下几个方面：

第一，物流信息量大。高频度、小数目的配送存在于大多数现代大型体育赛事物流过程中，这使得大量的信息发生在采购、存储、配送、装卸等各个物流环节。不同物流环节信息的及时沟通和掌握可以有效地提高整个赛事物流资源系统的运作效率。

第二，物流信息的准确性、及时性。物流信息的准确性是大型体育赛事参与主体的最基本要求，准确性是保障赛事物流部正确指挥和客观决策的前提。此外信息的及时性也是非常重要的。

第三，信息需求个性化。信息服务应体现个性化特征，主要是由于需求主体的复杂性决定的。

第四，提供多语言智能信息服务。由于大型体育赛事范围的广泛性，有不同国家的运动员、新闻记者、观众等参与进来，因此需要主办方提供多语言智能信息服务以满足不同国家和民族参与者的信息需求。

第五，物流信息来源具有广泛性。主要包括国内外各种规模的供应商和物流服务提供商，还包括各相关政府管理部门，此外还有社会团体和个人等。

第六，物流信息具有动态性特征，且流向比较复杂。大型体育赛事参与主体较多，主体的复杂性决定其物流信息的复杂性，而且产生的信息量比较大，且流向复杂，因此物流信息在不同的物流环节是动态变化的。作为赛事物流服务的主体，必须要同时掌握自身与外界其他主体的物流信息，如赛事物流服务商不仅要掌握企业内部运输车辆的数量和容量、仓库库存等内部信息，还要实时地掌握运输路况信息、主办方物资需求信息等。因此，对于动态物流信息的捕捉和提示显得尤为重要。

第七，物流信息的标准化。赛事物流的复杂性决定了主办方物流信息系统的设计和运用要体现标准化和规范化的特征，而不能仅仅局限于某一环节或部分参与者，这就要求必须着眼于整个物流过程。因此，赛事物流信息需求势必要向着标准化和规范化的方向发展。

6.2　大型体育赛事物流资源协同管理平台的设计目标及特征

　　大型体育赛事物流资源协同管理平台是一个集成化、智能化且面向整个赛事物流资源系统的管理中心。其含义可以理解为在平台的信息系统中综合运用先进的信息技术、网络技术、计算机技术、数据通信技术等，使用者在一定的规则下汇集各个子系统的物流信息，并在平台里对各种公用的复杂信息进行处理、分类和集成，协同平台可以根据各个相关主体自身的不同需求提供相应的信息服务以及辅助性的决策，从而实现平台对赛事物流信息的整合与共享，进而提高整个赛事物流资源系统的运作效率，降低其运作成本。

　　本文对大型体育赛事物流资源协同管理平台的概念进行尝试性的界定，是指为了大型体育赛事的顺利举办，赛事的主办部门或物流云服务商将赛事物流的各个相关合作主体（包括政府部门、赛事物流管理部门、赛事物资供应商、赛事物流服务商等）联系在一起，形成一种基于互联网的、开放性的、按需索取的公共信息系统。

6.2.1　大型体育赛事物流资源协同管理平台的设计目标

　　大型体育赛事物流资源协同管理平台的设计是为了实现所有合作物流部门和相关物流企业之间的资源共享和协作，发挥赛事物流协同的整体优势。大型体育赛事物流资源协同管理平台的构建不仅是赛事主办方的客观需求，也是全面实现赛事物流信息化的迫切要求。因此，本文构建平台的总体目标有以下几点：

　　（1）促进赛事管理部门对物流信息资源的高效管理

　　通过协同管理平台的构建，赛事物流的管理决策部门可以按照物流任务对具体流程进行重组，可以对运输车辆、运输物品、客户信息及时的进行协调和调度，从而提高主管部门的管理效率。

（2）为赛事主办方提供先进的物流信息应用技术

各种先进的技术运用于赛事物流的任务当中，可以缩短赛事物资的配送时间，降低物流成本，从而推动赛事物流的服务水平和现代物流行业的共同进步。

（3）提高主办方和物流合作伙伴的现代物流管理意识

大型体育赛事物流资源协同管理服务平台通过信息发布，资源共享使各个合作主体及时了解赛事物流的发展状况，还可以通过平台宣扬现代物流管理创新理念，改革管理方法，提高赛事物流管理效率。

6.2.2　大型体育赛事物流资源协同管理平台的特征

协同管理平台汇集了云计算、物联网、GPS、RFID等各种先进的物流技术，其目的是在整个赛事物流的服务过程中为主办方提供方便快捷和个性化的服务。平台具体的特征包括开放性、兼容性、及时性和共享性四个特征[107-108]。

（1）开放性

开放性是指平台不是一个封闭的系统，必须与其他系统之间进行信息交换，赛事物流信息要实现在各个合作主体间的流动，这就要求平台必须能对各种不同的信息进行交换和标准化处理，从而使各个合作主体实现信息的共享与无缝衔接。

（2）兼容性

赛事动态物流联盟的合作部门或企业一般都拥有一套适合自身发展的信息管理系统，因此平台必须具备兼容性的特征以保证各合作主体间的无缝衔接。不仅对联盟成员兼容，还要与赛事物流信息系统兼容。

（3）及时性

及时可靠的物流信息在比赛的整个过程中是非常重要的，物流信息的滞后会延迟赛事物流任务的及时完成，进而造成整个联盟的运作效率偏低，而且赛事物流具有流程性的特点，其中某一环节信息的滞后都会出现"牛鞭效应"，严重的话甚至会影响比赛的进行。

（4）共享性

平台上发布的所有信息都是可以供各个联盟主体使用的。通过赛事物流资源协同管理平台，把各相关主体以及主体的物流资源有效的连接起来，实现资源共享，达到联盟的目的。

6.3 基于云计算的大型体育赛事物流资源协同管理平台的设计

6.3.1 云计算与大型体育赛事物流资源协同管理平台的兼容性

物流资源协同管理平台能够整合赛事物流动态联盟范围内的各种信息资源，通过先进信息技术、通信技术和计算机技术的运用，从系统的角度对复杂的赛事物流信息进行集成、存储、传输，从而提高赛事物流部门的信息化管理水平和服务水平。

在此基础上，尝试性地引入云计算理论，云计算的出现能够使大型体育赛事充分利用平台的优势。通过将赛事物流服务与云计算的基本特性进行对比发现，云计算具有大型赛事物流服务的四个技术特征，即：资源的快速组合、资源动态组合、资源抽象、用户按需付费[109-112]。

第一，资源的快速组合。云计算理论可以根据用户的具体需求及时地对各种资源进行规划和部署，用户可以根据自己的需要自行进行选择；赛事物流服务主办方可以根据用户的需求对服务资源进行调整，用户也可以根据自己的要求选择不同的服务组合。

第二，资源动态组合。云计算可以根据用户的多少来对IT资源进行调整，以满足用户和规模变化的实际需要。

第三，资源抽象。对于云计算的用户来说，并不知道云上各种物理资源的位置，用户可以在各种位置使用终端来获取服务；在赛事物流服务的过程当中，用户也不需要了解服务商是怎么运作的，只按需获取服务就可以了，供应商也不需要了解客户的具体情况，只需要按照标准提高服务。

第四，用户按需付费。云计算采用的是即付即用（pay-as-you-go）的方式；赛事物流服务商提供服务资源供主办方进行选择，按需付费。

6.3.2　基于云计算的大型体育赛事物流资源协同管理平台设计的原则

（1）充分利用信息网络优势，从真正意义上发挥"平台"作用

平台设计的目的是为赛事提供相关的物流服务以及增值服务，因此服务性和支持性是平台的特色，平台不仅是赛事物流系统的一种资源，更是大型体育赛事物流的相关合作主体之间的一个沟通、协调的窗口，平台对信息的要求要体现快速、准确、传输、存储等优势。平台的价值主要体现在通过对局域物流信息流的优化，进而提高赛事物流资源系统的运行效率，从根本上提高赛事物流产业的整体水平。

（2）平台"本地化"，与主办城市的区域特征、经济发展水平紧密结合起来

平台的设计必须要充分体现赛事物流复杂性的特色，将体育赛事产业与物流技术有机结合起来，保持与其他赛事管理部门和物流部门的密切合作，而且如果想要体现赛事物流的优势和经济需要，赛事物流信息平台必须要量身定做，这样才能把赛事物流这项物流业务做成一种专长，从而使主办城市和物流企业以及体育赛事产业共同实现一种良性发展。

（3）平台在保持开放性的同时要注重产业引导性

大型体育赛事物流信息平台，一方面服务和保障赛事的顺利进行，另一方面为物流产业升级和结构调整提供平台和机会。赛事物流资源协同管理平台在一定程度上体现了当前社会最为先进的物流运营模式和发展方向，所以平台的构建不仅要从规划的角度，还要从经营的角度来考虑多方

的物流管理和发展。

（4）平台重点不是"信息技术"，而是"信息"

忽视信息化的目的是更有效地掌握和利用信息资源，只强调信息技术的先进性，是现在很多行业在信息化过程中的一个重大误区。信息平台的主要功能之一是信息资源的搜集、分析、加工、决策和更新。为了保证物流企业、客户和相关部门的物流活动，平台要非常重视复杂的赛事物流信息的标准化处理，以及科学化的管理。对于先进信息技术的运用要兼顾考虑技术的适用性和兼容性，否则会给赛事物流管理带来非常大的损失，这种情况在2000年悉尼奥运会当中曾经出现过。

6.3.3　基于云计算的大型体育赛事物流资源协同管理平台的设计流程

大型体育赛事物流资源协同是跨组织边界的资源优化配置，是以物流资源协同管理平台为基础，确保协同系统信息的高度共享与交互。因此，设计的流程是：一是赛事组委会发出物流需求和资源请求；二是云服务供应商对资源进行描述与发布，物流资源筛选与匹配；三是组委会最终确定协同的联盟方案，合作方签订合作协议，云服务商构建协同共享平台；四是任务执行与监控；五是评价以及利益分享的一系列过程的组合，如图6-1所示。

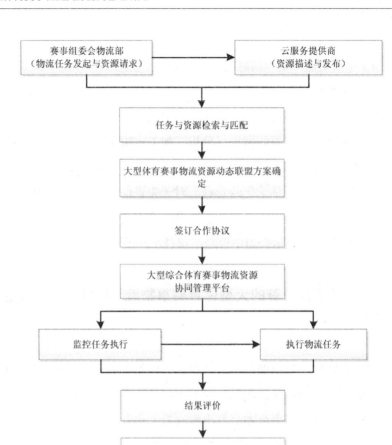

图6-1 大型体育赛事物流资源协同管理平台的设计流程

6.3.4 基于云计算的大型体育赛事物流资源协同管理平台的功能模块

（1）功能模块总体设计

大型体育赛事物流协同管理平台主要有5类模块：场馆物流部、监控管理部门、调度指挥中心、物流服务商和供应商（见图6-2所示）。

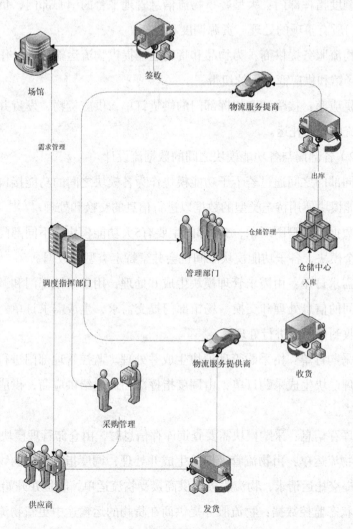

图6-2　平台功能模块图

①场馆物流部门：全运会的各个场馆，如羽毛球馆、乒乓球馆、篮球馆、游泳馆等，在大型赛事物流信息管理平台中发布需求给调度指挥部门进行处理；等待物流服务商配送后签收。

②监控管理部门：负责仓储和库存的管理以及物品安全、运输安全和仓储安全的监控。

③调度指挥部门：大型赛事物流信息管理平台的中心部门，负责对其余各部门所有事项的处理、资源调度和指挥。

④物流服务提供商：为物品和货物运输提供物流运输服务，作为仓储中心、场馆和供应商之间的纽带。

⑤供应商：接受调度指挥部门的供货订单，供应货物，发货并交给指定的物流服务商托运。

（2）各部门与各功能模块之间的数据流设计

不同部门之间通过若干子功能模块作为各模块之间的功能接口；同时各子功能模块使用特定类型的数据以进行信息的交换和处理[113-114]。

如数据流模型图所示，5个部门主要有5大功能模块，不同部门可能包含若干个模块，各子功能模块之间也会共享特定类型的数据。

①需求订单：由需求管理模块生成并处理，用于场馆部门和调度指挥部门之间的信息处理和交换。场馆部门提交需求，生成需求订单，调度指挥部门收到订单后进行处理。

②采购订单：由采购管理模块生成并处理。监控管理部门进行补货，采购管理模块生成采购订单，由调度指挥部门传递给供应商，供应商进行处理供货。

③库存信息：采购模块需要查询库存信息时，由仓储管理模块提供。

④物流运单：由物流管理模块生成并处理，调度指挥部门向物流服务提供商提交托运请求，物流服务提供商接受物流运单，收货并开始运输。

⑤状态监控数据：物流服务提供商在货物的运输途中更新物流追踪状态，监控管理部门通过监控管理模块的接口查询监控物流状态，并为其他部门提供查询功能接口。

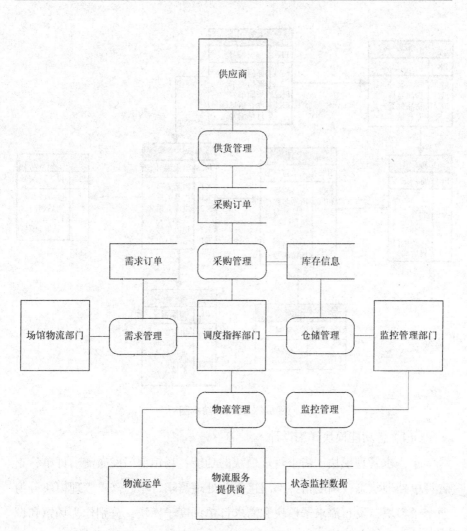

图6-3 平台各模块数据流

（3）数据库结构设计

识别平台的数据库主要由采购订单管理数据库、库存信息管理数据库、供应商管理数据库、物流运单管理数据库、需求订单管理数据库、管理部门数据库、场馆数据库、物品数据库构成，数据库结构如图6-4所示。

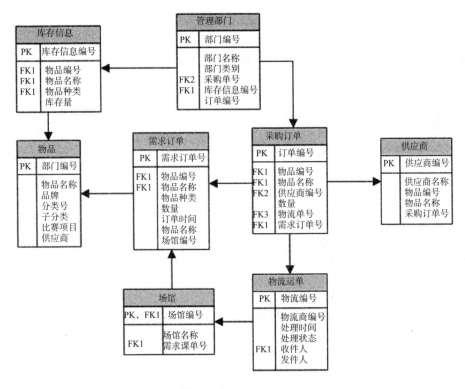

图6-4 数据库结构图

（4）各功能模块详细设计

①需求管理模块。需求管理模块的功能：场馆部门发布需求订单、查看订单处理状态；调度指挥部门接受并处理需求订单。需求管理模块分为两个子模块：发布需求子模块和需求订单调度子模块，分别作为场馆和调度指挥两个部门与需求管理模块的接口（见图6-5所示）。两个子模块之间传递的数据流是需求订单。

图6-5 需求管理模块

②仓储管理模块。仓储管理模块的功能：监控管理部门监控库存信息、管理仓储中心的出入库；调度指挥部门接受补货和出入库请求，并进行匹配和调度处理。仓储管理模块分为两个子模块：补货出入库子模块和出入库调度子模块，分别作为监控管理和调度指挥两个部门与仓储管理模块的接口（见图6-6所示）。两个子模块之间传递的数据流是库存信息。

图6-6　仓储管理模块

③采购管理模块。采购管理功能模块的功能：调度指挥部门接收监控管理部门的补货请求，通知供应商进行供货；供应商接受订单并处理、查看订单状态。采购管理模块分为两个子模块：供货管理子模块和采购订单调度子模块，分别作为供应商和调度指挥两个部门与采购管理模块的接口。（见图6-7所示）两个子模块之间传递的数据流是采购订单。

图6-7　采购管理模块

④物流管理模块。物流管理模块的功能：调度指挥部门指定物流服务商，向其发送物流运输指令，生成物流运单；物流服务提供商接受托运请求订单并处理。物流管理模块分为两个子模块：运单管理子模块和物流运单调度子模块，分别作为物流服务提供商和调度指挥两个部门与物流管理模块的接口（见图6-8所示）。两个子模块之间传递的数据流是物流运单。

图6-8　物流管理模块

⑤监控管理模块。监控管理模块的功能：物流服务提供商在运输途中更新物流状态；监控管理部门获取物品、运输工具等状态和GPS信息，进行安全监控。监控管理模块分为两个子模块：物流状态更新子模块和安全监控子模块，分别作为物流服务提供商和监控管理两个部门与监控管理模块的接口（见图6-9所示）。两个子模块之间传递的数据流是监控数据。

图6-9　监控管理模块

6.3.5　基于云计算的大型体育赛事物流资源协同管理平台的设计

本文针对大型体育赛事物流服务的特点，基于理论层面，对大型体育赛事的物流云服务模式进行初步设计，通过物流云服务模式，可以验证其是否能够促进赛事物流资源的有效协同。

如图6-10所示，本文设计一个大型体育赛事物流资源协同管理平台，简称为"LSLCSP"（large sports logistics cloud service platform），"LSLCSP"是不能孤立存在的，它是赛事物流云服务需求端和云服务提供者之间进行协作、沟通的桥梁，在图中可以看到，赛事物流信息的需求端，简称为"LSLCSD"（large sports logistics cloud service demander），是大型体育赛事物流云服务的使用者，这里的使用者指的是整个赛事物流服务流程上的合作者；赛事物流云服务的提供方，简称为"LSLCSP"（large sports logistics cloud service provider），主要为平台提供赛事必不可少的物流资源或物流服务。具体的流程是：LSLCSD提出个性化的服务需求，并通过LSLCSP发布，LSLCSP 根据LSLCSD的需求对相关的赛事物流云进行检索、整合和匹配，之后根据赛事主办方的物流需求，制订相应的物流规划，除此之外，平台还具备对赛事物流服务提供方的质量监督和实时反馈，从而为双方创造一个可以不断提高的平台。

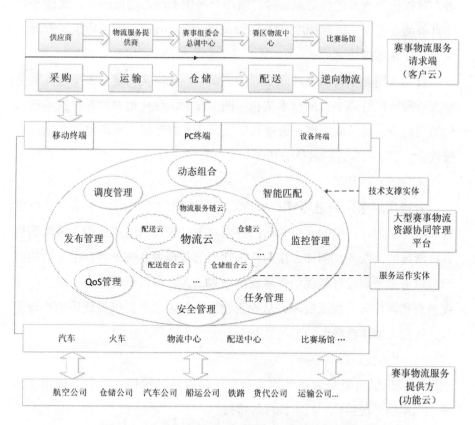

图6-10　大型体育赛事物流资源协同管理平台示意图

图6-10显示的是大型体育赛事物流资源协同管理平台的示意图，图中的需求方是包括供应商、合作伙伴、赞助商、物流服务商、赛事组委物流

部、政府部门、顾客等在内的大型体育赛事动态物流联盟的所有管理部门和合作伙伴，一方面，需求方可以通过各种终端设备进入平台，根据各自不同需求智能化地选择不同的服务；另一方面，物流服务提供方通过各种技术将不同种类、大小、功能的物流资源虚拟地接入平台中，形成一种虚拟的赛事物流资源池。

大型体育赛事物流资源协同管理平台作为服务运作的主体，首先将各种虚拟的物流资源封装成各种云服务，在图6-10中可以看到仓储云、配送云等；接着通过注册、发布向外提供，根据不同用户各自赛事物流的需求，对各种服务云进行动态组合，给用户提供不同的物流服务，此外平台还具备动态监督、智能调度、QoS（quality of seroice，服务质量）管理、安全管理等功能。

技术支撑是平台服务功能实现的关键，因此本文构建了大型体育赛事物流资源协同管理平台的技术架构（图6-11），对其相关的各种技术进行归纳与划分，从云应用层、云接口层、云业务服务层、云虚拟资源层、物流资源层五个层次进行具体分析[115-117]。

（1）云应用层

云应用层面向的是体育赛事物流资源协同的不同用户，用户可以通过云应用层为其提供的入口和访问界面对平台进行访问和使用，从而获得各种所需的云服务。例如，作为赛事物流的管理者和决策者，组委会物流部可以通过平台设计最优的赛事物流规划方案，以最低的成本、最快的速度整合和调度各类物流资源，从而为物流服务需求方提供最优质的物流服务，保障大型体育赛事的顺利举办。

（2）云接口层

云接口层主要是为赛事物流合作伙伴提供各种接口服务，如用户注册、云端的系统接口、技术标准等接口。

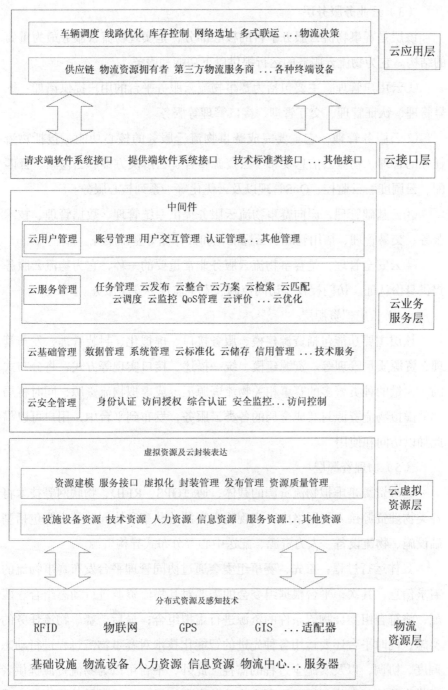

图6-11 大型体育赛事物流资源协同管理平台技术架构

（3）云业务服务层

该层是赛事物流云服务平台的核心部分，是实现物流云服务最为重要的结构。它为物流云服务的运行提供以下功能和服务：

①云用户管理，主要包括为赛事物流云服务平台的用户提供诸如：账号管理、认证管理、交互管理、接口管理等服务。

②云服务管理，它主要完成赛事物流云服务的核心功能，包括物流任务的管理、物流云信息发布、云资源整合、云解决方案、云检索、云匹配、云调度、云监控、QoS管理以及云优化等一系列核心服务。

③云基础管理，面向赛事物流云服务提供系统管理、数据管理、技术服务、交易管理、信用管理、云标准化和云存储等基础服务。

④云安全管理，是赛事物流云服务非常重要的一环，它为物流云服务提供身份认证、访问授权、访问控制、安全监控等安全服务。

（4）云虚拟资源层

该层主要功能包括资源建模、服务接口、虚拟化、封装管理、发布管理、资源质量管理等。资源建模、统一描述、接口实现等方式，将分布式的、大量的种类繁多的赛事相关物流资源汇聚成虚拟物流资源，同时将局部的虚拟物流资源封装成全局的各类云服务，发布到平台中，用户可以借此加以访问和使用。

（5）物理资源层

物理资源是虚拟物流资源的载体，通过GPS、RFID、物联网等技术将各类物理资源接入到网络中，实现物理资源的共享和协同，其主要包括基础设施、物流设备、人力资源、配送中心等分布式异构资源。

具体运行过程：首先，赛事组委会通过协同管理平台发布赛事物流的需求信息；其次，平台根据组委会的需要对其物流资源进行动态组合、匹配，将符合组委会物流条件的资源进行虚拟组合；最后，赛事物流任务的实施，同时平台还要运用各种先进的智能化技术对赛事物流过程进行动态调度、协调，以及实施全过程的监控。此外，平台可以为物流资源提供者提供在物流任务执行过程中所产生的信息和记录，为日后的信用评价和质量评估提供方便。通过协同管理平台，多方可以实现共赢，对于赛事组办方而言，可以以低廉的价格快速地获得适合的赛事物流服务；对于物流资源提供方而言，不仅能便捷地获取到不同客户的物流需求信息，而且能以更快的速度、更低的价格提供优质的、个性化的赛事物流服务。

6.4 第13届全国运动会物流资源协同管理平台的功能模拟

大型体育赛事往往是一个展现主办方经济实力、管理水平、服务水平和信息技术的平台。虽然云计算、云服务近些年刚刚开始发展，但在2012年的伦敦奥运会上已经得到不同程度的应用。全运会作为我国规模最大、范围最广、级别最高的大型体育赛事，迫切需要高水平的物流服务来保障赛事的成功举办。本文利用前面研究的架构和实现技术，以2017年在天津举办的第13届全运会为例，从理论角度尝试性地对赛事物流服务的具体过程进行模拟。

6.4.1 第13届全运会主办城市——天津市物流资源禀赋优势分析

第13届全运会主办城市天津的物流基础设施主要包括交通体系、物流中心和仓储，它们是全运会物流服务运行的平台和基础。因此，物流基础设施的畅通、高效是保障全运会顺利、成功举办的基础。首先，港口。我国北方最大的外贸港口是天津港，港口的发展水平代表了整个天津市现代物流业的发展水平。截止到2013年上半年，天津港的集装箱吞吐量突破650.8万标准箱，货物吞吐量突破2.5亿吨，较去年同期分别增长了11.1%和8.1%。其次，交通体系。过去五年，天津的交通体系得到了飞速发展，目前已经形成了以海港、铁路、空港、道路和城市公共交通为骨架的现代综合交通运输体系。再次，物流园区、物流中心。目前天津市已有12个物流中心，作为北方规模最大的物流中心，天津港保税区的辐射能力范围涉及中西部乃至西北部邻国。大量进出口货物在天津完成分拨、集装、仓储加工、双向流动。最后，仓储。近年来天津市物流新增的仓储空间大幅增长[118]。

6.4.2 第13届全运会物流资源协同管理平台的部分功能模块展示

在全运会的物流资源协同管理平台上，多方使用物流资源，所以存在的业务流程必然很多。情境描述：以主办方乒乓球馆急需乒乓球台，而库存不足的情况下整个物流处理过程为例，从乒乓球场馆物流部发出请求，到物品进入赛区物流中心，再到场馆物流中心，涉及多个流程，多个部门协作才能完成。本文针对多方协作、数据交换的业务流程进行仔细分析，提出了一个实体物流的基本流程。模拟涉及乒乓球馆、监控管理、调度指挥、物流服务商和供应商5个部门。

（1）登录界面

用户可以通过登录界面进行登录，可以在图6-12中看到五个不同的用户登录窗口，具体包括场馆物流部、监控管理部门、调度指挥部门、物流服务提供商和生产制造供应商五个界面。不同的用户选择各自的界面进行登录。乒乓球台的采购属于场馆物流部，所以在图6-12中点击场馆物流部这个界面登录。

图6-12　用户登录界面

（2）场馆发布物资需求

乒乓球馆物流部门在订单管理中浏览物品类别，选择乒乓球台，选中需要的物品，输入需要的数量，并选中急需，最后提交需求，见图6-13所示。

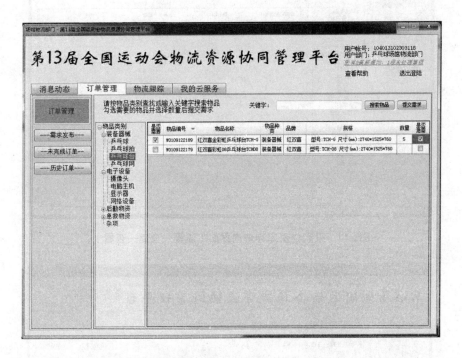

图6-13 物资需求发布界面（场馆—订单—需求发布）

（3）调度指挥部接收与处理需求

调度指挥部收到需求通过接口查询仓储云后检测到库存不足，见图6-14所示，需要进行处理，在订单调度中查看当前需要处理的订单，因为急需，拆分方式为最快速度拆分配送，见图6-15所示。将需求订单拆分为两个订单：第一个订单直接将从库存发出，见图6-16所示；第二个订单等待采购完成后再发出。

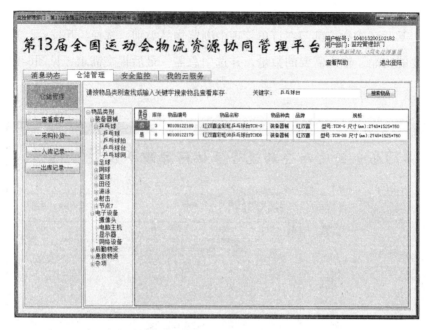

图6-14 采购物资库存查询界面（监管—仓储—查看）

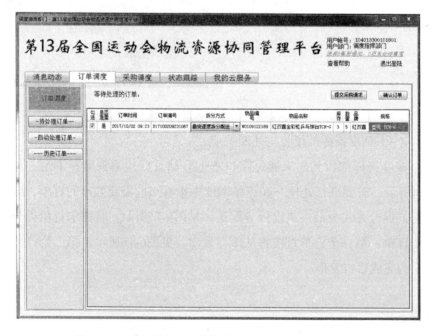

图6-15 采购物资库存查询界面（调度—订单—待处理）

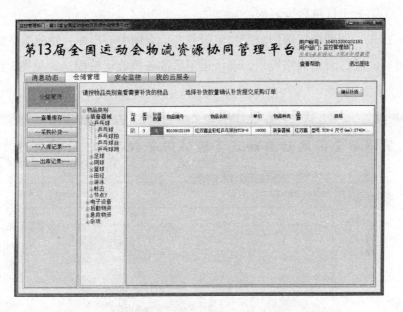

图6-16 采购物资订单提交界面（监管—仓储—补货）

订单拆分后乒乓球场馆可查看被拆分的订单有两个，见图6-17。一个订单的状态是已发货，另一个订单状态是等待库存。

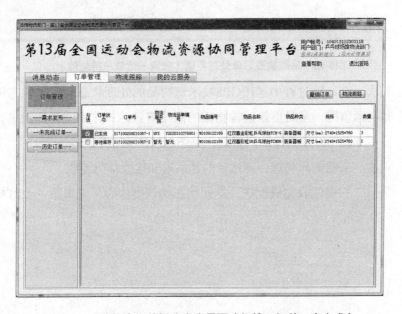

图6-17 采购物资订单拆分查询界面（场馆—订单—未完成）

①第一个订单后续流程：

首先，调度指挥部门分配物流服务商，仓储中心出库，物流服务商收到运单，进行云端线路规划，确认运单后准备揽收运输配送，见图6-18所示。

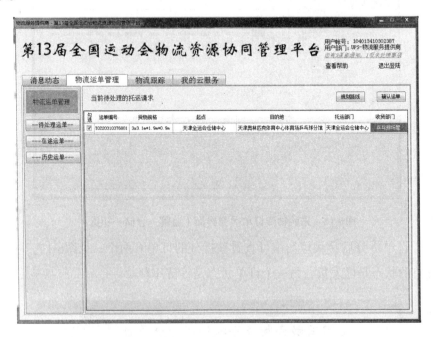

图6-18　采购物资订单处理界面（物流—运单—待处理）

其次，在运输过程中运用GPS技术对物品的处理状态和运输状态进行跟踪和视频监控，及时更新运输物流的跟踪信息，一方面监管部门进行监控，另一方面可以供其他部门查询，见图6-19和6-20所示。

再次，采购的乒乓球台到达目的地后通知接收部门签收。

最后，扫描签收完成配送，返回状态给调度中心，完成第一个订单，见图6-21所示。

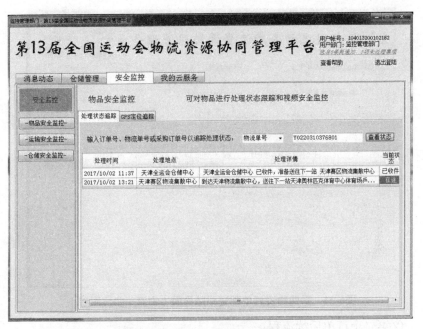

图6-19　采购物资订单监控界面（监管—监控-物品—状态）

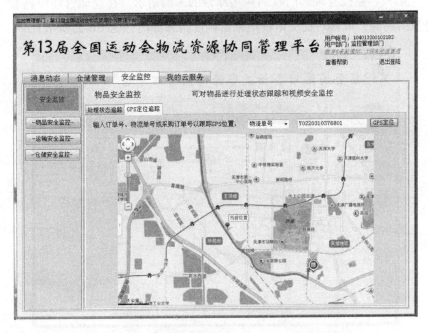

图6-20　采购物资订单跟踪界面（监管—监控—物品）

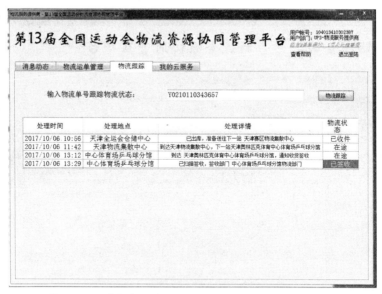

图6-21 采购物资订单配送跟踪界面（物流—物流跟踪）

②第二个订单后续流程：

第一，监控管理部门收到乒乓球台的采购请求，在仓储管理中查看需补货的物品，审核后提交审核结果给调度指挥部门，见图6-22所示。

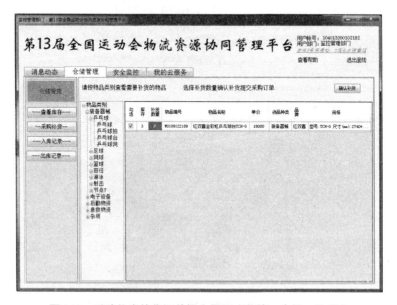

图6-22 采购物资补货订单提交界面（监管—仓储—补货）

第二，调度指挥部门在采购调度中进行供应商云匹配，确认采购调度，生成采购订单，见图6-23所示，发送供货指令给供应商——上海奥峰贸易有限公司。

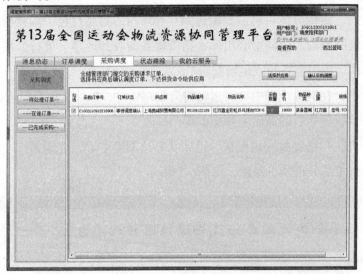

图6-23　采购物资订单处理界面（调度—采购—待处理）

第三，供应商部门（上海奥峰贸易有限公司）在收到供货命令后准备货物，调度指挥中心自动分配物流服务商揽收，供应商发货。

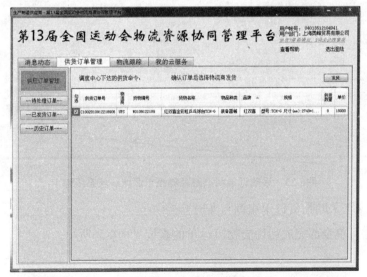

图6-24　物理服务商订单发货界面（供应-供货订单-待处理）

第四，物流服务商进行运输，在运输过程中更新物流跟踪信息，供其他部门查询。

第五，乒乓球台到达仓储中心后入库。

第六，货物分拣后将需要配送到乒乓球馆的物品打包，调度指挥部门分配物流服务商，仓储中心出库，物流服务商收到运单，进行云端线路规划，确认运单后准备揽收运输配送。

第七，在运输过程中更新运输物流跟踪信息，以供其他部门查询。

第八，到达目的地后通知接收部门签收。

第九，扫描签收完成配送，返回状态给调度中心，完成第二个订单。第二个订单的处理状态跟踪，见图6-25所示。

图6-25 采购订单状态跟踪界面（调度—状态跟踪）

（4）采购物资订单查询与实时监控

①订单全部完成后历史物流运单的查询见图6-26所示。

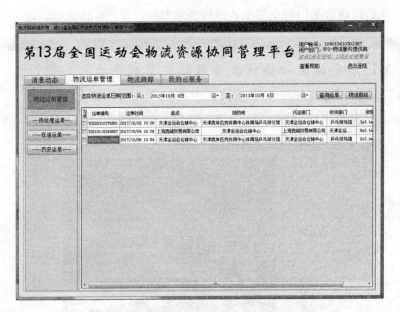

图6-26　采购物资订单管理界面（物流—运单—历史）

②监控管理部门可对车辆等运输工具进行GPS定位追踪，见图6-27所示。

图6-27　采购物资订单定位监控界面（监管—监控—运输）

③监控管理部门对仓储中心进行视频监控，见图6-28所示。

图6-28 物流中心视频监控界面（监管—监控—仓储）

6.5 本章小结

第6章首先对大型赛事物流资源协同管理的主体进行了分类，对赛事物流资源协同管理的信息需求特征进行剖析，对赛事物流资源协同管理平台的设计目标、特征及流程进行了详细描述。结合云计算理论，构建了大型体育赛事物流资源协同管理平台，在此基础上，总结和归纳了平台的实现技术。最后运用计算机技术尝试性地对我国第13届全运会的物流资源协同管理平台进行部分物流功能的模拟。

第7章 结论与展望

7.1 研究结论

近几年中国成为全世界体育赛事举办的热土，北京奥运会、北京大运会、广州亚运会、深圳大运会、哈尔滨世界大学生冬季运动会等大型综合体育赛事在我国举办。本文是在大型体育赛事和赛事物流逐步升温的大背景下进行研究。随着中国经济的发展，人民生活水平的不断提高，人们对大型体育赛事的参与和观赏的需求急剧增加，大型体育赛事的举办不仅可以迅速提高举办城市的影响力，而且可以拉动体育产业的发展。而大型体育赛事物流仍面临着许多问题，因此本文对大型体育赛事物流资源协同管理进行研究具有理论意义和现实意义。

纵观全文，针对大型体育赛事物流资源协同管理的研究工作主要体现在以下几个方面：

（1）有关大型体育赛事物流资源内涵的研究结论。

本文综合运用协同学理论、物流资源理论和体育赛事理论对大型体育赛事物流资源的概念进行了界定，"大型体育赛事物流资源"是指为了实现大型体育赛事的物流任务，所有能够为大型体育赛事主办方所控制、影响和利用，为顾客提供有价值的物流服务，并可为主办方和物流合作企业创造价值和提升竞争力的一系列内外部物流资源以及资源要素组合的统称。本文提出大型体育赛事物流资源系统是由物流组织管理资源子系统、物流网络子系统、物流能力子系统和物流信息资源子系统构成，并且归纳了大型体育赛事物流资源的五大特征：物流资源需求的多样性和不确定性、物流资源需求的阶段性与瞬间集聚性、服务主体的差异性、物流实物资源使用的安全性、赛事物流资源使用的流程性。

（2）有关大型体育赛事物流资源协同管理的研究结论

本文依据大型体育赛事物流资源的特征，在霍尔三维分析法的基础上进行了一定的修改，提出了大型体育赛事物流资源协同管理的三维模型，分别从内容维、层次维和主体维三个视角详细阐述了物流资源协同管理的框架体系。此外，协同的机制和模式选择同样是管理的重要组成部分。结合动态联盟理论，提出了大型体育赛事物流动态联盟的运行模式，并对联盟的具体过程进行了详细描述，最后总结了大型体育赛事物流资源动态联盟协同管理的机制体系，分别对形成机制、进化机制、运行机制和反馈机制进行了系统的分析。

（3）有关大型体育赛事物流资源协同演化及协同度评价的研究结论

本文综合运用协同学及灰色系统建模方法构建了大型体育赛事物流资源系统协同演化模型和协同度评价模型，结合1996年—2012年五届奥运会的物流资源管理的具体情况进行验证与计算，运用协同学的伺服原理提取出系统的序参量，得出物流能力资源和物流信息资源两个子系统的弛豫系数相对较小，因此他们主导和支配着整个资源系统的演化和发展。物流信息资源子系统上升幅度较大，对整个系统协同度的贡献率相对较大。通过对奥运会的物流资源系统进行协同度评价，得出虽然近几届的奥运会物流资源系统的协同度逐年提高，并且使用了当时最先进的信息技术，但系统协同度水平并不高。

（4）有关大型体育赛事物流资源协同管理平台的研究结论

本文结合云计算理论对大型体育赛事物流资源协同管理平台的概念进行尝试性的界定，认为"大型体育赛事物流资源协同管理平台"是指为了大型体育赛事的顺利举办，赛事的主办方或物流云服务商将赛事物流的各个相关合作主体（包括政府部门、赛事物流管理部门、赛事物资供应商、赛事物流服务商等）联系在一起，形成一种基于互联网的、开放性的、按需索取的公共信息系统。平台具有开放性、兼容性、及时性和共享性的特征。在此基础上，设计了大型体育赛事物流资源协同管理平台，并从平台的客户云、服务平台、功能云三个层面进行了深入分析。此外，对平台的实现技术从云应用层、云接口层、云业务服务层、云虚拟资源层、物理资源层五个层面进行归纳与划分。最后结合计算机技术，以第13届在天津举办的全运会为例，对平台进行了具体物流功能的模拟。

7.2 创新点

本文在以下三个方面做了一定的创新：

首先，大型体育赛事物流资源概念的全新理解，并结合霍尔三维法构建了大型体育赛事物流资源协同管理三维概念模型，以及引入动态联盟理论提出了大型体育赛事物流动态联盟协同管理模式。

其次，大型体育赛事物流资源协同演化模型及协同度评价，并进行了实证分析。

本文从协同学的角度，构建了大型体育赛事的协同演化模型及协同度评价模型，首次结合1996—2012年五届奥运会物流资源投入和使用情况，采取定性与定量相结合的方法对模型进行验证与计算，通过模型计算得出四届奥运会物流资源系统的协同度。

最后，基于云计算理论，构建了大型体育赛事物流资源协同管理平台。

引入目前最先进的云计算理论，构建了大型体育赛事物流资源协同管理平台，并对构建的流程和实现技术进行了尝试性的分析，通过实证对大型体育赛事物流资源协同管理平台的部分物流功能进行了模拟。

7.3　研究展望

本文作为探索性的分析，对相关问题不能一一加以分析和实践，但却为作者指明了下一步深入研究的方向，具体体现在以下几个方面：

第一，继续深化大型体育赛事物流资源协同管理的机制研究，如动态联盟合作伙伴的利益分配机制和信息共享机制、物流服务商的选择机制和相关法律法规的研究等。

第二，加强对国内大型体育赛事物流运作情况相关定量资料的收集与整理。目前的文献资料中关于赛事物流的研究大多停留在奥运会的研究，因此本文只选择了历届奥运会的数据进行分析，未来需要加强对模型的实证研究，尤其是国内大型体育赛事的定量研究。

第三，进一步深化大型体育赛事物流资源协同管理平台的研究，不断完善平台的服务功能，以及平台安全维护方面的研究。

参考文献

[1] MASEARITOLO J. Logistic at the 1996 Olympic Games. 1996年美国物流年会论文集.

[2] SOWINSKI L. Going for the Logisties world[J]. 世界贸易, 2000(3).

[3] ANDRIANOPOULO S. Experiences for Olympic logistics planning[J]. 世界贸易, 2001(4).

[4] 梁丹青, 贾红毅. 对我国大型体育赛事物流问题的研究[J]. 中国市场, 2008(19): 23-24.

[5] 任凤香. 物流理论在我国体育赛事中的应用研究[J]. 物流科技, 2009, 32(10): 100-101.

[6] 高旸. 探析奥运物流运作在体育赛事中应用的可行性研究[J]. 中国市场, 2009(10): 93-94.

[7] 肖海辉, 吴金椿. 论在大型体育赛事中物流运作的策略——以2010年广州亚运会为例[J]. 物流科技, 2010, 33(3): 104-106.

[8] 田国伟, 邬跃. 中国奥委会体育物流理论体系构建[J]. 物流技术, 2009, 28(1): 8-10.

[9] 夏佐铎, 谭亮. 北京奥运物流供应链的构建[J]. 商业研究, 2008(02): 126-129.

[10] 张晶晶, 邓雪, 苏珊. 大型体育赛事物流运作模式探究——以奥运会为例[J]. 物流技术, 2012, 31(17): 129-131.

[11] 张彩霞. 奥运物流系统研究[D]. 中国政法大学, 2008.

[12] 张文杰, 汝宜红, 李伊松, 易华. 2008年北京奥运物流规划的必要性分析

［J］. 北方交通大学学报（社会科学版），2002（2）：25-29.

［13］温卫娟. 奥运物流运作模式研究［D］. 北京物资学院，2005.

［14］王树伟. 北京奥运物流中心运行流程研究［J］. 合作经济与科技，2009（12）：112-113.

［15］郝檩，王振威. 北京奥运会物流运作模式分析［J］. 商业文化（学术版），2008（10）：133.

［16］孙晋海，伊超，李太锛，鲁守栋. 基于P-A-C4ISR技术理论的2008年奥运会组织管理的系统工程研究［C］. 第七届全国体育科学大会论文摘要汇编，2004（10）.

［17］文雯. 大型体育赛事物流及其第三方物流服务商评价选择问题研究［D］. 北京体育大学，2008.

［18］曾文涛. 协同理论与协同物流管理［J］. 商场现代化，2005（7）：86.

［19］宁方华. 面向现代制造的协同物流多要素模型与应用研究［D］. 浙江大学，2006.

［20］鄢飞. 物流服务供应链的协同机理研究［D］. 长安大学，2009.

［21］舒辉，钟杰. 基于学习竞争模型的集成化物流系统协同演化［J］. 复旦学报（自然科学版），2007（4）：532-536.

［22］刘新生，李群峰. 物流系统运行机制分析［J］. 山东交通科技，2006（2）：90-92.

［23］李靖，张永安. 基于协同学序参量概念的物流网络管理研究［J］. 物流技术，2012，31（1）：133-136.

［24］张丹羽，王千. 基于J2EE技术的现代物流协同信息平台研究［J］. 计算机工程与应用，2005（7）：202-205.

［25］Kenth Lumsden, Gunnar Stefansson, Bernhard Tilanus. Collaboration in Logistics［J］. European Journal of Operational Research, 2003（144）:235-236.

［26］黄晓伟. 基于自组织理论的供应链资源协同研究［D］. 哈尔滨工业大学，2010.

[27] 孙华, 胡金焱, 丁荣贵. 供应链协同契约机制研究现状与走向——基于信息不确定环境下的考察 [J]. 云南师范大学学报 (哲学社会科学版), 2011, 43 (05): 86-95.

[28] 陆杉. 基于关系资本和互动学习的供应链协同研究 [D]. 中南大学, 2009.

[29] Bemhard J. Angerhofer, Marios C. Angelides. A model and a Performance measurement system for collaborative supply chains [J]. Deeision Support Systems, 2006 (42):283-301.

[30] FINLEY F, SRIKANTH S. Imperatives for Successful Collaberation [J]. Supply Chain Management Review,2005,9 (1):30-37.

[31] Kenneth J Petersen, Gary L Ragatz, Robert M Monczka. An Examination of Collaborative Planning Effectiveness and Supply Chain Performance [J]. Journal of Supply Chain Management, 2005,41 (2):14-25.

[32] WONG Y, JOHANSEN J, HVOLBY H-H. Supply chain coordination problems: literature review [R]. Working Paper, 2004.

[33] COHEN S, ROUSSEL J. Strategic supply chain management: the five disciplines for top performance [R]. McGraw-Hill Companies, 2004.

[34] 刘联辉, 王坚强. 中小制造企业协同物流模式及其实现途径 [J]. 物流技术, 2004 (11): 118-120.

[35] Ensig, Preseott. Theeoneept off it In organizational researeht [J]. International Journal of Organization Theory & BehaviorAug,2001,4 (3):20-48.

[36] KOBERG C S, DETIENNE D R, HEPPARD K A. An Empirieal Test of Environmental, Organizational, and Proeess Factors Affeeting Ineremental and Radical Innovation [J]. The Journal of High Technology Management Researeh Spring,2003,14 (1):21-45.

[37] 郗英, 胡剑芬. 企业生存系统的协调模型研究 [J]. 工业工程, 2005 (2): 30-33.

[38] 许学国, 邱一祥, 彭正龙. 组织学习协同性评价模型设计与应用 [J]. 系

统工程, 2005（8）: 6-11.

[39] 钟念, 吴先华, 郭际. 信息产业与经济增长关系的协整分析 [J]. 统计教育, 2006（4）: 18-21.

[40] 史宝娟, 宋泽海. 黑色金属冶炼及压延加工业系统协同度评价研究 [J]. 河北工程大学学报（自然科学版）, 2007（3）: 84-88.

[41] 冯秀珍, 郝鹏. 云计算环境下的信息资源云服务模式研究 [J]. 计算机科学, 2012, 39（S2）: 110-114.

[42] 纪海. 基于云计算的产品平台设计服务研究 [D]. 机械科学研究总院, 2012.

[43] 杨军, 周道明, 张明. 基于云计算物流平台的应用及安全研究 [J]. 信息网络安全, 2011（10）: 10-12.

[44] 贡祥林, 杨蓉. "云计算" 与 "云物流" 在物流中的应用 [J]. 中国流通经济, 2012, 26（10）: 29-33.

[45] 代栋. 云计算基础软件平台的研究和实践 [D]. 中国科学技术大学, 2013.

[46] 冰漪. 云物流改写电商物流未来——专访星晨急便速递有限公司董事长陈平 [J]. 中国储运, 2011 （11） : 41-42.

[47] 张明, 张秀芬, 刘晖, 朱卫锋. 基于 "云仓储" 和 "云物流" 的电子商务大物流模式研究 [J]. 商场现代化, 2011（17）: 35-37.

[48] 任永贵. 电子商务时代云物流技术探讨 [J]. 商业时代, 2012 （08）: 45-46.

[49] 蔡国平. 云计算技术及其在电子商务物流中心设计与运行中的应用 [D]. 五邑大学, 2011.

[50] 张方风, 李俊韬, 刘丙午. 云计算架构下的物流公共信息平台设计探讨 [J]. 商业时代, 2011（22） : 31-33.

[51] 郭石军, 罗挺, 卿太平. 基于云计算的物联网智能物流系统研究 [J]. 中国储运, 2011（12）: 115-117.

[52] 俞华锋. 基于云计算的物流信息平台的构建 [J]. 科技信息, 2010（01）: 443-444.

[53] 杨军, 周道明, 张明. 基于云计算物流平台的应用及安全研究 [J]. 信息网络安全, 2010 (10): 10-12.

[54] 王之泰. 北京市物流系统诊断及物流结点规划的若干问题 [C]. 2000北京国际物流研讨会论文集, 2000: 14-18.

[55] 张文杰, 汝宜红, 李伊松, 易华. 2008年北京奥运物流规划的必要性分析 [J]. 北方交通大学学报 (社会科学版), 2002 (5): 25-29.

[56] 何明珂. 物流系统的治理结构 [J]. 北京工业大学学报 (社会科学版), 2002 (1): 12-16; 26.

[57] 陈思云. 汽车制造业协同物流系统研究 [D]. 武汉理工大学, 2008.

[58] 德鲁克, 许是祥. 卓有成效的管理者 (珍藏版) [J]. 中国建材, 2010 (10): 105.

[59] 王国文. 从物流到供应链: 美国物流发展趋势对中国物流的影响 [C]. 第九次中国物流专家论坛代表手册, 2004: 71-77.

[60] 马士华. 供应链管理 第三讲 供应链管理与现代物流 [J]. 物流技术, 2003 (6): 45-46.

[61] 林德根, 梁静. 现代管理的实质是协同管理 [J]. 求实, 2009 (32): 135-137.

[62] 刘炯艳. 协同物流研究综述 [J]. 工业技术经济, 2006 (1): 12-14.

[63] 杜栋. 协同、协同管理与协同管理系统 [J]. 现代管理科学, 2008 (2): 92-94.

[64] Ansoff. Corporate Strategy [M]. London: Penguin books, 1968.

[65] Haken H. Information and Self-Organtion: A Macroseie Approach to Complex Systems [J]. Journal of Management, 1989 (11).

[66] Amazon, http://aws. amazon. com/ec2/.

[67] Cloud Computing. http://en. wikipedia. org/wiki/Cloud_computing.

[68] 林云, 田帅辉. 物流云服务——面向供应链的物流服务新模式 [J]. 计算机应用研究, 2012, 29 (1): 224-228.

[69] 易剑东. 体育赛事报道与媒体运行 [M]. 杭州: 浙江大学出版社, 2008.

[70]沈建华,肖锋.大型体育赛事对城市形象的塑造[J].沈阳体育学院学报，2004（6）：745-746；785.

[71]黄海燕.体育赛事综合影响的事前评估研究[D].上海体育学院，2009.

[72]叶庆晖.体育赛事运作研究[D].北京体育大学，2003.

[73]The International Olympic Committee.Sydney 2000 Olympics Post Games Report[R]，2000.

[74]http://www.athens2004.com[EB/OL].

[75]王旭，田帅辉，王振锋.面向物流任务的跨组织边界物流资源优化配置[J].计算机集成制造系统，2012,18（2）：389-395.

[76]潘雪娇.协同物流资源选择与网络动态配置建模研究[D].上海交通大学，2010.

[77]丁铭华.基于自组织的企业集团资源协同管理研究[D].同济大学，2008.

[78]张志勇.企业物流资源配置决策方法研究[D].合肥工业大学，2010.

[79]李从容.现代物流系统优化设计及应用[D].西南交通大学，2003.

[80]李少勇.现代大型体育赛事中主办城市的物流规划[J].中国市场，2009（10）：87-88.

[81]郭丽静，邬跃.中国奥委会体育物流需求分析[J].物流技术,2008（10）:9-11；36.

[82]陈盈，杨家其.中国物流企业的奥运物流发展战略分析[J].武汉理工大学学报（社会科学版），2005（4）：527-531.

[83]陈宝星，谢如鹤，朱元城.2010年广州亚运食品物流安全体系框架与建设探讨[J].广州大学学报（社会科学版），2008（1）：40-43.

[84]翁艳，陈志军.体育物流的透视及物流系统构建[J].中国商贸，2011（5）：119-120.

[85]艾郁，汝宜红，范文姬.奥运场馆循环物流系统管理对策[J].综合运输，2007（8）：49-52.

[86]李志明.浅谈现代物流理论在我国大型体育赛事中的应用[J].中国市场，2008（23）：102-103.

[87] 马丽君. 大型体育赛事现代物流应用[J]. 广西右江民族师专学报, 2005 (6): 74-76.

[88] 李鸿江, 尹军. 2008年北京残奥会赛事服务体系的构建[J]. 首都体育学院学报, 2008 (1): 35-38.

[89] 郝檩, 王振威. 北京奥运会物流运作模式分析[J]. 商业环境(学术版), 2008 (10): 133.

[90] 秦凤华. 奥运物流的USP方案[J]. 中国投资, 2008 (8): 96-97.

[91] 罗常津, 李海鹰. 基于系统工程方法的奥运物流分析[J]. 科技创业月刊, 2005 (2): 147-149.

[92] 王树伟. 北京奥运物流中心运行流程研究[J]. 合作经济与科技, 2009 (12): 112-113.

[93] 陈春阳, 雷庆勇, 盖涛. 北京2008奥运会物流现状分析及对策研究[J]. 物流经济, 2008 (7): 60-61.

[94] FEI Y, LI Y. Group multi-attribute decision model to partner selection in the formation of virtual enterprise under incomplete information[J]. Expert Systems with Applications, 2009 (36): 931–935.

[95] 王友发, 赵艳萍. 基于ASP模式的中小企业动态联盟信息平台的构建[C]. 2005中国机构工程学会年会论文集, 2005: 213.

[96] 王雄. 动态物流联盟运作管理理论与方法研究[D]. 中南大学, 2008.

[97] 唐建民. 物流联盟协同机制研究[D]. 中南大学, 2010.

[98] 孙希刚, 张学龙. 基于自组织理论的物流企业联盟构建路径[J]. 中国物流与采购, 2011 (23): 72-73.

[99] 李广, 赵道致. 基于自组织理论的供应链系统演化机制研究[J]. 工业工程, 2009, 12 (3): 7-12.

[100] 杨东升. 基于自组织理论的复杂供应链系统脆性研究[D]. 北京交通大学, 2010.

[101] BATESON G. A re-examination of "Bateson's rule"[J]. Journal of Genetics, 1971 (3): 230-240.

[102] 金玲. 基于自组织理论的建筑业系统演化发展研究 [D]. 哈尔滨工业大学, 2007.

[103] 周杨. 现代物流企业多维度协同分析研究 [J]. 计算机应用研究, 2012, 29 (4): 1245-1248; 1299.

[104] 张彩霞. 奥运物流系统研究 [D]. 中国政法大学, 2008.

[105] 掌盟人. 伦敦奥运中的新科技 [J]. 电脑爱好者, 2012 (14): 14-24.

[106] 陈蓓蓓, 赵莉莉. 现代大型体育赛事物流信息的需求分析 [J]. 物流技术, 2012, 31 (15): 389-392.

[107] 李力. 物流信息平台构建与应用研究 [D]. 武汉理工大学, 2006.

[108] 刘韧. 物流信息网络任务协调机理研究 [D]. 北京交通大学, 2008.

[109] RackSpace. http://www. rackspace. com/.

[110] GAE. Google App Engine, https://developers. google. com/appengine/.

[111] Amazon. Amazon DynamoDB. aws. amazon. com/dynamodb/.

[112] SANDBC R, GOLD D, DAN W, LYON B. Design and Implementation or the Sun Network Filesystem [J]. USENIX Conference, 1985 (6).

[113] BHATOTIA P, WIEDER A, RODRIGUES R, ACAR U, PASQUIN R. Incoop: MapReduce for incremental computations [J]. Proceedings of Proceedings of the 2nd ACM Symposium on Cloud Computing, 2011 (7).

[114] ROEHWERGER B, BREITGAND D, LEVY E, GALIS A, GAGIN F. LLORENTE, ETAL. The RESERVOIR Model and arehiteeture for open federated cloud Computing [J]. IBM Journal of Researeh and Develo Pment, 2009 (53):1-11.

[115] ARMBRUST M, FOX A, GRIFFITH R, JOSEPH D A. Above the Clouds: A Berkeley View of Cloud Computing [J]. Science, 2009 (53): 7-13.

[116] ARMBRUST M, FOX A, GRIFFITH R, KONWINSKI D A, LEE G, PATTERSON A D, RADKIN A, STOICA I. A view of cloud computing [J]. Communications of the ACM, 2010, 53 (4): 50-58.

[117] BRUNETTE G , MOGULL R. Security Guidance for Critical Areas of Focus in Cloud Computing V2. 1[J]. Security, Cloud Security Alliance, 2009(1): 1-76.

[118] 才华, 李贵春. 天津GDP增长与相关产业的灰色关联分析[J]. 天津师范大学学报（自然科学版）, 2010, 30(2): 78-80.

[119] CORREIA I, EUGENIA CAPTIVO M. Bounds for the single source modular capcitated Plant location Problem[J]. Computer & Operations Research, 2006, 33(10): 2991-3003.

[120] MAURICIO G C, RSENDE A, RENATO F, WERNECK B. A hybrid multistart heuristic for the uncapacitated facility location problem[J]. European Journal of Operationsal, 2006(17): 54-68.

攻读博士学位期间发表的学术论文与科研情况

一、攻读博士学位期间公开发表的论文

［1］ZHA J, JIANG H Y, WU Q S. An Analysis of Financing Modes of Small and Medium Manufacturing Enterprises in the Environment of Supply Chain in China［J］.(Advances in Computing, Control and Industrial Engineering, 2012,235:303-308.

［2］ZHA J, JIANG H Y, XIE B Y. Based on Logistics Field Theory Mengxi Energy Channel System and Central Fulcrum Building［C］. Intelligent Systems Design and Engineering.

［3］ZHA J.System Synergy Evolution Model on Logistics Resource of Large-scale Sports Event and Its Evaluation of the Synergy Degree［C］. International Conference on Logistics Engineering and Management.(EI录用).

［4］查金.大型体育赛事物流资源的协同管理［J］.交通企业管理, 2014, 29 (5)：59-61.

［5］查金.基于动态联盟的大型体育赛事物流资源协同管理模式研究［J］少林与太极(中州体育), 2014(4)：19-24.

［6］TIAN X Y, JIANG H Y, ZHA J. Scheduling Optimization of Inter-city Bus Rapid Transit Based on M\M\C\N\∞queuing model［C］. International Conference on Computing, Control and Industrial Engineering, 2012.

［7］XIE B Y, JIANG H Y, ZHA J , LI X, Analysis of Interactive Effect Between the Port and the Hinterland Based on Logistic Model［C］. The 3rd International Conference on Intelligent Systems Design and Engineering Applications, 2013.

致　谢

终于完成了博士毕业论文，从选题、开题、初稿到文论定稿，整个过程经历了将近两年的时间，这个过程非常辛苦，但很充实，博士论文的撰写是对自己博士期间所学知识和能力的总结和检验。感谢我的导师蒋惠园教授几年来在生活和学习当中对我的帮助与指导，针对我的博士毕业论文，蒋老师在思路、结构框架和撰写的整个过程中都倾注了大量心血，导师严谨的治学态度使我受益匪浅。

感谢武汉理工大学的张培林教授、杨家其教授、张庆年教授、陈宁教授、詹斌教授、周红梅副教授，对我在博士学习期间和论文写作过程中给予的支持和帮助。感谢实验室的各位师弟师妹在论文写作过程中给予我的帮助，尤其是博士同学田小勇、闫松银、李响、谢奔一、曹玉娇，还有研究生师弟师妹：李洪亮、卢升荣、李林、张锐、陈夕、潘东浩、汪浪、邬玉琴、康燕燕、祝小红、郝伟杰、黄永森、徐唯璐、王雪婷、王友珍。

同时，还要感谢各位评审老师在百忙之中利用自己的宝贵时间对我的论文进行审核并提出很多有建设性的指导意见。

最后，我还要感谢父母将近四年来对我的支持，用他们微薄的工资贴补我；感谢丈夫对我在外出学习的理解和默默支持，帮我分担了很多家庭的负担。家人的期盼和支持是我坚持的动力，我只有保质保量地完成毕业论文，早日毕业，早日陪伴在他们身边！

查　金

2013年9月

武汉理工大学

附录1　数据填充指南

说明：

程序界面中绝大多数空间，如表格和文本框都能输入自定义数据，可按照想模拟的整个物流模拟过程来自定义数据，将数据手动填充后截图即可。

以下是预定义的数据：

1. 登录界面

登录账号定义规则

账号数字	104	013	1	023	03	118
定义	固定值，表示全运会	第13届	部门（1～5）	子部门（乒乓球023）	部门内编号（随意）	校验码（随机）

登录账号密码与部门类型

用户账号	用户密码	用户部门
104 013 1 023 03 118	********	场馆物流部门
104 013 2 001 02 182	*********	监控管理部门
104 013 3 001 01 601	*******	调度指挥部门
104 013 4 103 02 387	*********	物流服务提供商
104 013 5 121 04 941	*******	生产制造供应商

2.场馆物流部门界面

用户账号	用户部门
104013102303118	乒乓球馆物流部门

（1）订单管理选项卡

①物品编号定义规则

订号数字	W	01	09	12	2189
定义	固定值，表示物品	第一分类	比赛项目	子分类（球台）	物品编号（随意）

②需求发布—乒乓球台订单信息

是否需要	物品编号	物品名称	物品种类	品牌	规格	数量	是否急需
是	W01 09 12 2189	红双喜金彩虹乒乓球台TCH-G	装备器械	红双喜	型号:TCH-G 尺寸(mm):2740*1525*760	5	是
否	W01 09 12 2179	红双喜彩虹08乒乓球台TCH08	装备器械	红双喜	型号:TCH-08 尺寸(mm):2740*1525*760		

③未完成订单—订单信息

订单状态	订单号	物流服务商	物流运单编号	物品编号	物品名称	物品种类	规格	数量
已发货，运输中	D17100209231067-1	UPS	Y0220310376801	W0109122189	红双喜金彩虹乒乓球台TCH-G	装备器械	型号:TCH-G 尺寸(mm):2740*1525*760	3
等待库存	D17100209231067-2	暂无	暂无	W0109122189	红双喜金彩虹乒乓球台TCH-08	装备器械	型号:TCH-08 尺寸(mm):2740*1525*760	2

④历史订单 – 订单信息

订单号	订单时间	物流运单编号	物品编号	物品名称	物品种类	品牌	规格	数量

（2）物流跟踪选项卡

①输入

订单号/物流单号/采购单号	单号
物流单号	Y0220310376801

②订单状态记录

处理时间	处理地点	处理详情	物流状态
2017/10/02 11:37	天津全运会仓储中心	天津全运会仓储中心已收件，准备送往下一站天津物流集散中心	已收件
2017/10/02 13:21	天津赛区物流集散中心	到达天津物流集散中心，送往下一站天津奥林匹克体育中心体育场乒乓球分馆	在途
2017/10/02 14:49	中心体育场乒乓球分馆	到达天津奥林匹克体育中心体育场乒乓球分馆，通知收货签收	待签收
2017/10/02 15:02	中心体育场乒乓球分馆	已扫描签收，签收部门中心体育场乒乓球分馆物流部门	已签收

3.监控管理部门界面

用户账号	用户部门
104013200102182	监管部门

（1）仓储管理选项卡

①查看库存 – 库存信息

是否充足	库存	物品编号	物品名称	物品种类	品牌	规格
否	3	W0109122189	红双喜金彩虹乒乓球台TCH-G	装备器械	红双喜	型号:TCH-G 尺寸(mm):2740*1525*760
是	8	W0109122179	红双喜彩虹08乒乓球台TCH08	装备器械	红双喜	型号:TCH-08 尺寸(mm):2740*1525*760

②采购补货 – 补货信息

库存	补货数量	物品编号	物品名称	单价	物品种类	品牌	规格
3	8	W0109122189	红双喜金彩虹乒乓球台 TCH-G	18000	装备器械	红双喜	尺寸（mm）：2740*1525*760

③入库记录 – 入库信息

入库时间	采购订单号	物流商	物流运单编号	供应商	物品编号	物品名称	物品种类	品牌	规格	数量

④出库记录 – 出库信息

出库时间	订单号	物流商	物流运单编号	场馆	物品编号	物品名称	物品种类	品牌	规格	数量

（2）安全监控选项卡

①物品安全监控 – 监控信息

订单号/物流单号/采购单号	单号
物流单号	Y0220310376801

②处理状态追踪

处理时间	处理地点	处理详情	物流状态
2017/10/02 11:37	天津全运会仓储中心	天津全运会仓储中心已收件，准备送往下一站天津赛区物流集散中心	已收件
2017/10/02 13:21	天津赛区物流集散中心	到达天津物流集散中心，送往下一站天津奥林匹克体育中心体育场乒乓球分馆	在途

③运输安全监控 – 监控信息

工具类别	编号
汽车	T02202103386

④仓储安全监控 – 监控信息

仓库	摄像头
2号仓库	5号摄像头

4.调度指挥部门界面

用户账号	用户部门
104013300101601	总调中心

（1）订单调度选项卡

①待处理订单 – 订单信息

是否急需	订单时间	订单编号	拆分方式	物品编号	物品名称	库存	数量	品牌	规格
是	2017/10/02 09:23	D17100209231067	最快速度拆分配送	W0109122189	红双喜金彩虹乒乓球台TCH-G	3	5	红双喜	型号：TCH-G 尺寸(mm)：2740*1525*760

②自动处理订单 – 订单信息

订单状态	订单号	物流服务商	物流运单编号	物品编号	物品名称	物品种类	规格	数量	场馆

③历史订单 – 订单信息

订单号	物流运单编号	物流服务商	物品编号	物品名称	物品种类	品牌	规格	数量	场馆

（2）采购调度选项卡

①待处理订单 – 采购订单信息

采购订单号	订单状态	供应商	物品编号	物品名称	采购数量	单价	物品种类	品牌	规格
C1002010912218906	采购请求已审核	上海奥峰贸易有限公司	W0109122189	红双喜金彩虹乒乓球台TCH-G	8	18000	装备器械	红双喜	型号：TCH-G 尺寸(mm)：2740*1525*760

②在途订单 – 订单信息

订单状态	采购订单号	供应商	物流服务商	物流运单编号	物品编号	物品名称	品牌	规格	数量	单价
已发货,运输中	C100201091221 8906	上海奥峰贸易有限公司	UPS	Y02101103 43657	W0109 122189	红双喜金彩虹乒乓球台 TCH-G	红双喜	型号:TCH-G 尺寸(mm): 2740*1525 *760	8	18000

③已完成采购 – 订单信息

采购订单时间	采购订单号	供应商	物流商	物流运单编号	采购数量	物品编号	物品名称	单价	物品种类	品牌	规格

（3）状态跟踪选项卡及处理状态追踪

订单号/物流单号/采购单号	单号
采购单号	C1002010912218906

处理时间	处理地点	处理详情	物流状态
2017/10/02 10:26	调度指挥中心	采购订单已确认,发往供应商	已确认
2017/10/02 10:30	上海奥峰贸易有限公司	供货订单已确认,调货准备发货	准备发货
2017/10/04 16:26	上海奥峰贸易有限公司	货物准备完毕,联系物流服务商,即将发货	即将发货
2017/10/04 19:01	上海奥峰贸易有限公司	物流服务商已收件,确认发货,下一站上海物流航空部	已发货
2017/10/04 20:57	上海物流航空部	到达上海物流航空部,下一站天津物流航空部	在途
2017/10/05 23:43	上海物流航空部	到达天津物流航空部,下一站天津物流集散中心	在途
2017/10/06 07:17	天津物流集散中心	到达天津物流集散中心,下一站天津全运会仓储中心	在途

处理时间	处理地点	处理详情	物流状态
2017/10/06 09:32	天津全运会仓储中心	到达天津全运会仓储中心，准备扫描入库	准备入库
2017/10/06 10:01	天津全运会仓储中心	已扫描入库，联系物流服务商，准备出库	准备出库
2017/10/06 10:56	天津全运会仓储中心	已出库，准备送往下一站天津赛区物流集散中心	已出库
2017/10/06 11:42	天津物流集散中心	到达天津物流集散中心，下一站天津奥林匹克体育中心体育场乒乓球分馆	在途
2017/10/06 13:12	中心体育场乒乓球分馆	到达天津奥林匹克体育中心体育场乒乓球分馆，通知收货签收	在途
2017/10/06 13:29	中心体育场乒乓球分馆	已扫描签收，签收部门中心体育场乒乓球分馆物流部门	已签收

5.物流服务提供商界面

用户账号	用户部门
104013410302387	UPS – 物流服务提供商

（1）物流运单管理选项卡

①待处理运单—运单信息

运单一：直接把所有剩余库存从仓储中心运输到乒乓球场馆

运单编号	货物规格	起点	目的地	托运部门	收货部门
Y0220310376801	3x3.1m*1.9m*0.9m	天津全运会仓储中心	天津奥林匹克体育中心体育场乒乓球分馆	天津全运会仓储中心	乒乓球场管物流部门

运单二：从供应商运输到仓储中心

运单编号	货物规格	起点	目的地	托运部门	收货部门
Y0210110343657	8x3.1m*1.9m*0.9m	上海奥峰贸易有限公司	天津全运会仓储中心	上海奥峰贸易有限公司	天津全运会仓储中心

运单三：运单二运输完成后从仓储中心运输到乒乓球场馆

运单编号	货物规格	起点	目的地	托运部门	收货部门
Y0210310 303768	2x3.1m* 1.9m*0.9m	天津全运会仓储中心	天津奥林匹克体育中心体育场乒乓球分馆	天津全运会仓储中心	乒乓球场管物流部门

②在途运单－运单信息

运单编号	运单状态	货物规格	起点	目的地	托运部门	收货部门

③历史运单－运单信息

运单编号	运单时间	货物规格	起点	目的地	托运部门	收货部门
Y022031 0376801	2017/10/02 10:20	3x3.1m* 1.9m*0.9m	天津全运会仓储中心	天津奥林匹克体育中心体育场乒乓球分馆	天津全运会仓储中心	乒乓球场馆物流部门
Y021011 0343657	2017/10/04 16:28	8x3.1m* 1.9m*0.9m	上海奥峰贸易有限公司	天津全运会仓储中心	上海奥峰贸易有限公司	天津全运会仓储中心
Y0210310 303768	2017/10/06 10:04	2x3.1m* 1.9m*0.9m	天津全运会仓储中心	天津奥林匹克体育中心体育场乒乓球分馆	天津全运会仓储中心	乒乓球场馆物流部门

（2）物流跟踪选项卡

物流单号	Y0210110343657

处理时间	处理地点	处理详情	物流状态
2017/10/06 10:56	天津全运会仓储中心	已出库，准备送往下一站天津赛区物流集散中心	已收件
2017/10/06 11:42	天津物流集散中心	到达天津物流集散中心，下一站天津奥林匹克体育中心体育场乒乓球分馆	在途

处理时间	处理地点	处理详情	物流状态
2017/10/06 13:12	中心体育场乒乓球分馆	到达天津奥林匹克体育中心体育场乒乓球分馆，通知收货签收	在途
2017/10/06 13:29	中心体育场乒乓球分馆	已扫描签收，签收部门中心体育场乒乓球分馆物流部门	已签收

6. 生产制造供应商界面

用户账号	用户部门
104013512104941	上海奥峰贸易有限公司

（1）供应订单管理选项卡

①待处理订单 – 订单信息

供货订单号	物流商	货物编号	货物名称	物品种类	品牌	规格	数量	单价
C10020109 12218906	UPS	W01091 22189	红双喜金彩虹乒乓球台 TCH-G	装备器械	红双喜	型号:TCH-G 尺寸 (mm):2740* 1525*760	8	18000

②已发货订单 – 订单信息

订单状态	供货订单号	物流服务商	物流运单编号	货物编号	货物名称	规格	品牌	数量	单价
运输中	C10020109 12218906	UPS	Y021011 0343657	W01091 22189	红双喜金彩虹乒乓球台 TCH-G	型号:TCH-G 尺寸 (mm):2740* 1525*760	红双喜	8	18000

③历史订单 – 订单信息

订单号	供货订单时间	物流运单编号	物流商	物品编号	物品名称	物品种类	品牌	规格	数量	单价
C100 2010 9122 18906	2017/10 /02 10:26	C10020 109122 18906	UPS	W010 9122 189	红双喜金彩虹乒乓球台 TCH-G	装备器械	红双喜	型号:TCH-G 尺寸(mm):2740* 1525*760	8	18000

（2）物流跟踪选项卡

①选择

供货订单号/物流单号	输入单号
供货订单号	C1002010912218906

②物流跟踪信息

处理时间	处理地点	处理详情	物流状态

附录2 平台程序编码

```
//******************* Item.h *************************//
//***************** 物品类的定义 *********************//
#pragma once
namespace LSLCSP {
    public class Item
    {
    private:
            System::String^ itemId;        //物品编号
            System::String^ itemName;      //物品名称
            LSLCSP::Type itemType;         //种类
            LSLCSP::SubType itemSubType;   //子类
            LSLCSP::Brand itemBrand;       //品牌
            LSLCSP::String itemSpecific;   //规格
            ;


//*************** RequirementsOrder.h *******************//
//***************** 需求订单类的定义 ********************//
#pragma once
namespace LSLCSP {
    public class RequirementsOrder
    {
```

```
private:

    System::String^ requirementsorderID;          //订单编号

    System::Time^ requirementsorderTime;          //订单时间

    LSLCSP::Logistics::LogisticsProvider logisticsProviderName; //物流商

    LSLCSP::Logistics::LogisticsOrderId logisticsOrderId;

    LSLCSP::Item::ItemId itemId;                   //物品编号

    LSLCSP::Item::ItemName itemName;               //物品名称

    LSLCSP::itemType itemType;                     //种类

    System::Int32 itemCounts;                      //数量

    bool isEmergency;                              //是否紧急

    LSLCSP::VenueName venueString;                 //场馆

    LSLCSP::Order::OrderState orderState;          //订单状态

}


//****************** LogisticsOrder.h *********************//
//**************** 物流运单类的定义 *******************//
#pragma once
namespace LSLCSP {

    public class LogisticsOrder

    {

private:

    System::String^ logisticsOrderId;              //订单编号

    System::Time^ logisticsOrderTime;              //订单时间

    LSLCSP::Logistics::LogisticsProvider logisticsProviderName;  //物流商

    LSLCSP::Logistics::ItemSpecifics itemSpecific; //货物规格

    LSLCSP::Department sendFromDepartment;         //托运部门

    LSLCSP::Department sendToDepartment;           //接收部门

    LSLCSP::Logistics::Location sendFromLocation;  //起始点
```

```
        LSLCSP::Logistics::Location sendToLocation;      //目的地

    }


//****************** PurchaseOrder.h ***********************//
//****************** 采购订单类的定义 *********************//
#pragma once
namespace LSLCSP {
    public class PurchaseOrder
    {
    private:
        System::String^ purchaseOrderID;              //订单编号
        System::Time^ purchaseOrderTime;              //订单时间
        LSLCSP::Supplier::SupplierName supplierName;    //供应商
        LSLCSP::Logistics::LogisticsProvider logisticsProviderName;  //物流商
        LSLCSP::Logistics::LogisticsOrderId logisticsOrderId;//物流单号
        LSLCSP::Item::ItemId itemId;                  //物品编号
        LSLCSP::Item::ItemName itemName;               //物品名称
        LSLCSP::itemType itemType;
        System::Int32 purchaseItemCounts;             //采购数量
        System::Double purchaseItemPrice;             //单价
        LSLCSP::Order::OrderState orderState;          //状态

    }


//****************** LoginAuthorize.h ********************//
//********************* 登录认证头文件 ******************//
#pragma once
#include "MainForm.h"
#include "VenueLogisticsDepartment.h"
```

```
#include "SuperviseDepartment.h"
#include "CommandDispatchDepartment.h"
#include "LogisticsServiceProviderDepartment.h"
#include "SupplierDepartment.h"
#include "DefinedData.h"


        User ^user = new User();
        this->userId = String^ new String();
        this->userpassword = String^ new String();
        this->userDepartmentType = UserDepartment^ new UserDepartment();
    }
    protected:
    ~LoginAuthorize()
    {
        if (components)
        {
            delete components;
        }
    }
private: System::String^ userId;          //用户名
private: System::String^ userPassword;       //密码
private: LSLCSP::UserDepartment userDepartmentType; //用户部门

    this->userID = this->userIDTextBox->Text;   //获取用户名
    this->userpassword = this->passwordTextBox->Text;  //密码
    this->userDepartmentType = this->getUserDepartmentType(); //部门
    //*************连接用户信息云*************//
    this->ConnectToCloud(LSLCSP::CloudService::UserInfoCloudService);
```

```
switch(this->userTypeComboBox->SelectedIndex)
{
case venueLogisticsDepartmentIndex: //选择场馆物流部门
    {
    if(this->tryUserAuthorize())
        {
        //初始化场馆物流部门
        VenueLogisticsDepartment ^venueLogistics Department = gcnew(Ven
ueLogisticsDepartment);
    venueLogisticsDepartment->Show();
        break;
        }
        else if(this->tryUserAuthorize() == LSLCSP::ErrorType::Passw
ordError)
        {
            System::Windows::Forms::MessageBox::Show("账号密码认
证失败，请重试");
            break;
        }
    else if(this->tryUserAuthorize() == LSLCSP::ErrorType::DepartmentType
Error)
        {
            System::Windows::Forms::MessageBox::Show("用户部门认
证失败，请重试");
            break;
        }
        else
        {
```

```
                System::Windows::Forms::MessageBox::Show("认证失败,
请重试");

                break;

            }

        }

    case superviseDepartmentIndex:    //选择监控管理部门

        {

            if(this->tryUserAuthorize())

            {

            //初始化监控管理部门

                SuperviseDepartment ^supervise Department =
gcnew(SuperviseDepartment);

                superviseDepartment->Show();

                break;

            }

            else if(this->tryUserAuthorize() == LSLCSP::ErrorType::Passw
ordError)

            {

                System::Windows::Forms::MessageBox::Show("账号密码认
证失败,请重试");

                break;

            }

            else if(this->tryUserAuthorize() == LSLCSP::ErrorType::Depart
mentTypeError)

            {

                System::Windows::Forms::MessageBox::Show("用户部门认
证失败,请重试");

                break;
```

```
            }
            else
            {
                System::Windows::Forms::MessageBox::Show("认证失败，
请重试");

                break;
            }
        }
        case commandDispatchDepartmentIndex:    //选择调度部门
        {
            if(this->tryUserAuthorize())
            {
                //初始化调度部门
                CommandDispatchDepartment ^commandDispatch
Department = gcnew(CommandDispatchDepartment);
                commandDispatchDepartment->Show();
                break;
            }
            else if(this->tryUserAuthorize() == LSLCSP::ErrorType::Passw
ordError)
            {
                System::Windows::Forms::MessageBox::Show("账号密码认
证失败，请重试");
                break;
            }
            else if(this->tryUserAuthorize() == LSLCSP::ErrorType::Depart
mentTypeError)
            {
```

```
                System::Windows::Forms::MessageBox::Show("用户部门认
证失败，请重试");
                break;
            }
            else
            {
                System::Windows::Forms::MessageBox::Show("认证失败，
请重试");
                break;
            }
        }
        case logisticsServiceProviderDepartmentIndex://选择物流服务商部门
        {
            if(this->tryUserAuthorize())
            {
                //初始化物流服务商部门
                LogisticsServiceProviderDepartment ^logisticsServiceProviderDepa
rtment = gcnew(LogisticsServiceProviderDepartment);
                logisticsServiceProviderDepartment->Show();
                break;
            }
            else if(this->tryUserAuthorize() == LSLCSP::ErrorType::Passw
ordError)
            {
                System::Windows::Forms::MessageBox::Show("账号密码认
证失败，请重试");
                break;
            }
```

```
        else if(this->tryUserAuthorize() == LSLCSP::ErrorType::Depart
mentTypeError)
            {
                System::Windows::Forms::MessageBox::Show("用户部门认
证失败，请重试");
                break;
            }
            else
            {
                System::Windows::Forms::MessageBox::Show("认证失败，
请重试");
                break;
            }
        }
    case supplierDepartmentIndex:              //选择供应商部门
        {
            if(this->tryUserAuthorize())
            {
                //初始化供应商部门
                SupplierDepartment ^supplier Department = gcnew
(SupplierDepartment);
                supplierDepartment->Show();
                break;
            }
            else if(this->tryUserAuthorize() == LSLCSP::ErrorType::Passw
ordError)
            {
                System::Windows::Forms::MessageBox::Show("账号密码认
```

证失败，请重试");

```
                break;
            }
            else if(this->tryUserAuthorize() == LSLCSP::ErrorType::Depart
mentTypeError)
            {
                System::Windows::Forms::MessageBox::Show("用户部门认
证失败，请重试");
                break;
            }
            else
            {
                System::Windows::Forms::MessageBox::Show("认证失败，
请重试");
                break;
            }
        }
        default:
            break;
    }
}
```

//取消登录退出

//*************** LoginAuthorize.cpp *************************//
#include "LoginAuthorize.h"
#include "MainForm.h"
#include "VenueLogisticsDepartment.h"

```cpp
#include "SuperviseDepartment.h"
#include "CommandDispatchDepartment.h"
#include "LogisticsServiceProviderDepartment.h"
#include "SupplierDepartment.h"
#include "DefinedData.h"
namespace LSLCSP {
    //获取用户部门类型
private: LoginAuthorize::UserDepartmentType^ getUserDepartmentType()
    {
        switch(this->userTypeComboBox->SelectedIndex)
        {
        case venueLogisticsDepartmentIndex:
            {
                this->userDepartmentType = venueLogistics Department
Type //场馆物流部门
                break;
            }
        case superviseDepartmentIndex:
            {
                this->userDepartmentType = superviseDepartmentType //监
控管理部门
                break;
            }
        case commandDispatchDepartmentIndex:
            {
                this->userDepartmentType = commandDispatch Department
Type //调度部门
                break;
```

```
              }

        case logisticsServiceProviderDepartmentIndex:
            {
                this->userDepartmentType = logisticsServiceProviderDepar
tmentType //物流服务商部门
                break;
            }
        case supplierDepartmentIndex:
            {
                this->userDepartmentType = supplierDepartmentType //供
应商部门

                break;
            }
        default:
            break;
        }
    }
```

```
//************** VenueLogisticsDepartment.h ******************//
//********************* 场馆物流部门 ********************//
#pragma once
    public ref class VenueLogisticsDepartment : public System::
Windows::Forms::Form
    {
    public:
        VenueLogisticsDepartment(void)
        {
```

```
        InitializeComponent();

    }


    ~VenueLogisticsDepartment()

    {

        if (components)

        {

            delete components;

        }

    }

    System::ComponentModel::Container ^components;


    //发布需求按钮

        this->publishPanel->Visible = true;

        this->unfinishPanel->Visible = false;

        this->historyPanel->Visible = false;

    }

    //未完成按钮

this->unfinishPanel->Visible = true;

        this->publishPanel->Visible = false;

        this->historyPanel->Visible = false;

    }

    //历史订单按钮

        this->historyPanel->Visible = true;

        this->publishPanel->Visible = false;

        this->unfinishPanel->Visible = false;


    //从云端搜索物品信息按钮
```

System::String^ itemTag = this->searchItemTextBox->Text; //搜索

关键字

this->CloudService->ConnectToCloud(ItemCloud); //连接物品云

this->CloudService->ConnectToCloud(SearchServiceCloud); //连

接搜索云

LSLCSP::Search::SearchResult searchRedult = LSLCSP::CloudSe

rvice::SearchServiceCloud::trySearchItem(itemTag);

if(searchRedult != NULL)

{

this->itemShowDataGridView = System::Windows::Forms::Dat

aGridView;

this->itemShowDataGridViewInitialize;

LSLCSP::DataGridViewFuncation::Show(itemShowDataGridVi

ew, searchRedult); //显示物品信息

}

else

return;

}

//确认提交需求按钮

this->CloudService->ConnectToCloud(RequirementOrderCloud); //

连接需求管理云

this->requirementsOrder = new RequirementsOrder();   //创建需

求订单

this->itemShowDataGridView = new System::Windows::Forms::D

ataGridView;

this->itemShowDataGridView->Initialize();

LSLCSP::Select::SelectResult selectedResult = LSLCSP::DataGrid

ViewFuncation::Generate(itemShowDataGridView);

```
        this->requirementsOrder = LSLCSP::Order::GenerateOrder(selecte
dResult); //生成正确订单
        LSLCSP::CloudService::RequirementOrderCloud::SubmitOrder(th
is->requirementsOrder); //提交订单


    //追踪订单状态按钮
    this->CloudService->ConnectToCloud(RequirementOrderCloud); //
连接需求管理云
        this->CloudService->ConnectToCloud(LogisticsCloud);      //连接
物流管理云
        System::String^ orderIDString = this->trackOrderTextBox->Text;
//订单号
        LSLCSP::Order::OrderType ^orderType = LSLCSP::CloudService:
:OrderCloud::GetOrderType(orderIDString);
        //判断订单类型
        if(orderType == LSLCSP::Order::OrderType::RequirementsOrderT
ype)
        { //需求订单
        LSLCSP::Order::RequirementsOrder ^tmpOrder = LSLCSP::Or
der::GenerateOrder(orderIDString);
        tmpOrder = LSLCSP::CloudService::RequirementsOrderCloud::
GetOrder(); //云服务 - 获取订单
        //查询云端
        LSLCSP::Track::TrackResult trackResult = LSLCSP::CloudSer
vice::RequirementsCloud::TrackOrder(tmpOrder);
        this->trackOrderDataGridView = new System::Windows::Forms
::DataGridView;
        this->trackOrderDataGridView->Initialize();
```

```
            LSLCSP::DataGridViewFuncation::ShowData(trackResult); //显
示追踪结果
        }
        else if(orderType == LSLCSP::Order::OrderType::LogisticsOrderType)
        {   //物流运单
            LSLCSP::Order::LogisticsOrder ^tmpOrder = LSLCSP::Order::
GenerateOrder(orderIDString);
            tmpOrder = LSLCSP::CloudService::LogisticsOrderCloud::Get
Order(); //云服务 - 获取运单
            //查询云端
            LSLCSP::Track::TrackResult trackResult = LSLCSP::CloudSer
vice::LogisticsCloud::TrackOrder(tmpOrder);
            this->trackOrderDataGridView = new System::Windows::Forms
::DataGridView;
            this->trackOrderDataGridView->Initialize();
            LSLCSP::DataGridViewFuncation::ShowData(trackResult);  //
显示追踪结果
        }
        else
            return;
    }

//************** SuperviseDepartment.h ********************//
#pragma once
    ~SuperviseDepartment()
    {
        if (components)
        {
```

```
        delete components;
    }

        System::ComponentModel::Container ^components;
//查看库存功能按钮
    this->stockViewPanel->Visible = true;
    this->toBuyPanel->Visible = false;
    this->stockInLogPanel->Visible = false;
    this->stockOutLogPanel->Visible = false;
}//采购补货功能按钮
    this->stockViewPanel->Visible = false;
    this->toBuyPanel->Visible = true;
    this->stockInLogPanel->Visible = false;
    this->stockOutLogPanel->Visible = false;
}//入库记录功能按钮
    this->stockViewPanel->Visible = false;
    this->toBuyPanel->Visible = false;
    this->stockInLogPanel->Visible = true;
    this->stockOutLogPanel->Visible = false;
}//出库记录功能按钮
private: System::Void stockOutLogButton_Click(System::Object^ sender,
System::EventArgs^ e) {
    this->stockViewPanel->Visible = false;
    this->toBuyPanel->Visible = false;
    this->stockInLogPanel->Visible = false;
    this->stockOutLogPanel->Visible = true;
    }
//订单安全功能按钮
    this->securityOrderPanel->Visible = true;
```

```
        this->securityTransPanel->Visible = false;

        this->securityStockPanel->Visible = false;

    }

    //运输安全功能按钮

        this->securityOrderPanel->Visible = false;

        this->securityTransPanel->Visible = true;

        this->securityStockPanel->Visible = false;

    }

    //仓储安全功能按钮

        this->securityOrderPanel->Visible = false;

        this->securityTransPanel->Visible = false;

        this->securityStockPanel->Visible = true;

    }

    //查找物品信息按钮

        System::String^ itemTag = this->searchItemTextBox->Text;  //搜
索关键字

        this->CloudService->ConnectToCloud(StockCloud); //连接仓储云

        this->CloudService->ConnectToCloud(SearchServiceCloud); //连
接搜索服务云

        //查询状态

        LSLCSP::Search::SearchResult searchRedult = LSLCSP::CloudSe
rvice::SearchServiceCloud::trySearchStock(itemTag);

        if(searchRedult != NULL)

        {

            this->itemShowDataGridView = System::Windows::Forms::Dat
aGridView;

            this->itemShowDataGridViewInitialize;

            LSLCSP::DataGridViewFuncation::Show(itemShowDataGridVi
```

ew, searchRedult);//显示结果

    }

    else

      return;

  }

//提交采购订单按钮

  this->CloudService->ConnectToCloud(StockCloud); //连接仓储云

  this->CloudService->ConnectToCloud(PurchaseOrderCloud); //连接采购云

  this->purchaseOrder = new PurchaseOrder();　//新建采购订单

  this->itemShowDataGridView = new System::Windows::Forms::DataGridView;

  this->itemShowDataGridView->Initialize();

  LSLCSP::Select::SelectResult selectedResult = LSLCSP::DataGridViewFuncation::Generate(itemShowDataGridView);

  this->purchaseOrder = LSLCSP::Order::GenerateOrder(selectedResult); //生成采购订单

  LSLCSP::CloudService::PurchaseOrderCloud::SubmitOrder(this->requirementsOrder); //提交订单

  }

//查询库存按钮

  System::String^ itemTag = this->searchItemTextBox->Text;

  this->CloudService->ConnectToCloud(StockCloud); //连接仓储云

  this->CloudService->ConnectToCloud(SearchServiceCloud); //连接搜索服务云

//查询库存

  LSLCSP::Search::SearchResult searchRedult = LSLCSP::CloudService::SearchServiceCloud::trySearchStock(itemTag);

```
            if(searchRedult != NULL)
            {
                this->itemShowDataGridView = System::Windows::Forms::Dat
aGridView;
                this->itemShowDataGridViewInitialize;
                LSLCSP::DataGridViewFuncation::Show(itemShowDataGridVi
ew, searchRedult);//显示结果
            }
            else
                return;
        }
    //追踪安全状态
    private: System::Void trackOrderStateButton_Click(System::Object^
sender, System::EventArgs^ e) {
            this->CloudService->ConnectToCloud(RequirementOrderCloud);
//连接需求订单云
            this->CloudService->ConnectToCloud(StockCloud);   //连接仓储云
            this->CloudService->ConnectToCloud(LogisticsCloud); //连接物
流云
            this->CloudService->ConnectToCloud(SecurityCloud);  //连接安
全管理云
            System::String^ orderIDString = this->trackOrderTextBox->Text;
//订单号
            //获取订单类型
            LSLCSP::Order::OrderType ^orderType = LSLCSP::CloudService:
:OrderCloud::GetOrderType(orderIDString);
            if(orderType == LSLCSP::Order::OrderType::RequirementsOrderType)
            {  //需求订单
```

```
        LSLCSP::Order::RequirementsOrder ^tmpOrder = LSLCSP::Or
der::GenerateOrder(orderIDString);
        tmpOrder = LSLCSP::CloudService::RequirementsOrderCloud::
GetOrder(); //云端获取订单信息
        //获取追踪结果
        LSLCSP::Track::TrackResult trackResult = LSLCSP::CloudSer
vice::RequirementsCloud::TrackOrder(tmpOrder);
        this->trackOrderDataGridView = new System::Windows::Forms
::DataGridView;
        this->trackOrderDataGridView->Initialize();
        LSLCSP::DataGridView::Funcation::ShowData(trackResult); //
显示追踪结果数据
        }
    else if(orderType == LSLCSP::Order::OrderType::LogisticsOrderType)
    {   //物流运单
        LSLCSP::Order::LogisticsOrder ^tmpOrder = LSLCSP::Order::
GenerateOrder(orderIDString);
        tmpOrder = LSLCSP::CloudService::LogisticsOrderCloud::Get
Order(); //云端获取订单信息
        //获取追踪结果
        LSLCSP::Track::TrackResult trackResult = LSLCSP::CloudSer
vice::LogisticsCloud::TrackOrder(tmpOrder);
        this->trackOrderDataGridView = new System::Windows::Forms
::DataGridView;
        this->trackOrderDataGridView->Initialize();
        LSLCSP::DataGridView::Funcation::ShowData(trackResult); //
显示追踪结果数据
        }
```

```
        else if(orderType == LSLCSP::Order::OrderType::PurchaseOrderType)
        {    //采购订单
            LSLCSP::Order::PurchaseOrder ^tmpOrder = LSLCSP::Order::
GenerateOrder(orderIDString);
            tmpOrder = LSLCSP::CloudService::PurchaseOrderCloud::Get
Order(); //云端获取订单信息
            //获取追踪结果
            LSLCSP::Track::TrackResult trackResult = LSLCSP::CloudSer
vice::PurchaseOrderCloud::TrackOrder(tmpOrder);
            this->trackOrderDataGridView = new System::Windows::Forms
::DataGridView;
            this->trackOrderDataGridView->Initialize();
            LSLCSP::DataGridView::Funcation::ShowData(trackResult);   //
显示追踪结果数据
        }
        else
            return;
    }
    private: System::Void trackGPSButton_Click(System::Object^  sender,
System::EventArgs^  e) {
            this->CloudService->ConnectToCloud(RequirementOrderCloud);
//连接需求订单云
            this->CloudService->ConnectToCloud(StockCloud);    //连接仓储云
            this->CloudService->ConnectToCloud(LogisticsCloud);   //连接物
流云
            this->CloudService->ConnectToCloud(SecurityCloud);   //连接安
全管理云
            this->CloudService->ConnectToCloud(GPSCloud);       //连接GPS
```

安全云

```
    System::String^ orderIDString = this->trackOrderTextBox->Text;
//订单号
    LSLCSP::Order::OrderType ^orderType = LSLCSP::CloudService:
:OrderCloud::GetOrderType(orderIDString);
    //订单类型
    if(orderType == LSLCSP::Order::OrderType::RequirementsOrderType)
    {    //需求订单
        LSLCSP::Order::RequirementsOrder ^tmpOrder = LSLCSP::Or
der::GenerateOrder(orderIDString);
        tmpOrder = LSLCSP::CloudService::RequirementsOrderCloud::
GetOrder();  //云端获取订单信息
        //获取GPS追踪结果
        LSLCSP::Track::TrackResult trackResult = LSLCSP::CloudSer
vice::RequirementsCloud::TrackOrder(tmpOrder);
        this->trackOrderGPSMapsView = new LSLCSP::Forms::trackO
rderGPSMapsView; //初始化GPS地图视图
        this->trackOrderGPSMapsView->Initialize();
        LSLCSP::DataGridView::Funcation::ShowData(trackResult);  //
显示GPS追踪数据
    }
    else if(orderType == LSLCSP::Order::OrderType::LogisticsOrderType)
    {    //物流运单
        LSLCSP::Order::LogisticsOrder ^tmpOrder = LSLCSP::Order::
GenerateOrder(orderIDString);
        tmpOrder = LSLCSP::CloudService::LogisticsOrderCloud::Get
Order();  //云端获取订单信息
        //获取GPS追踪结果
```

```
                LSLCSP::Track::TrackResult trackResult = LSLCSP::CloudSer
vice::LogisticsCloud::TrackOrder(tmpOrder);

                this->trackOrderGPSMapsView = new LSLCSP::Forms::trackO
rderGPSMapsView; //初始化GPS地图视图
                this->trackOrderGPSMapsView->Initialize();
                LSLCSP::DataGridView::Funcation::ShowData(trackResult);  //
显示GPS追踪数据
        }
        else if(orderType == LSLCSP::Order::OrderType::PurchaseOrderType)
        {  //采购订单
                LSLCSP::Order::PurchaseOrder ^tmpOrder = LSLCSP::Order::
GenerateOrder(orderIDString);

                tmpOrder = LSLCSP::CloudService::PurchaseOrderCloud::Get
Order(); //云端获取订单信息
                //获取GPS追踪结果
                LSLCSP::Track::TrackResult trackResult = LSLCSP::CloudSer
vice::PurchaseOrderCloud::TrackOrder(tmpOrder);

                this->trackOrderGPSMapsView = new LSLCSP::Forms::trackO
rderGPSMapsView; //初始化GPS地图视图
                this->trackOrderGPSMapsView->Initialize();
                LSLCSP::DataGridView::Funcation::ShowData(trackResult); //
显示GPS追踪数据
        }
        else
        return;
    }
    //视频监控按钮
    private: System::Void videoMonitorButton_Click(System::Object^  sender,
```

```
System::EventArgs^  e) {
        this->CloudService->ConnectToCloud(StockCloud);   //连接仓储云
        this->CloudService->ConnectToCloud(SecurityCloud); //连接安全
管理云
        this->CloudService->ConnectToCloud(VideoMonitorCloud); //连
接摄像监控云
        System::String^ stockIdString = this->stockIdTextBox->Text; //仓
库号
        System::String^ cameraIdString = this->cameraIdTextBox->Text;
//摄像头号
        //云端获取摄像头唯一编码
        LSLCSP::Security::Camera::CameraIdRef ^cameraIdRef = LSLCS
P::CloudService::SecurityCloud::GetCamera(stockIdString, cameraIdString);
        if(cameraIdRef != NULL)
        {
        //获取视频监控信息
        LSLCSP::Track::TrackResult trackResult = LSLCSP::CloudSer
vice::SecurityCloud::CameraMonitor(cameraIdRef);
        this->videoMonitorView = new LSLCSP::Security::Forms::vide
oMonitorView; //初始化视频监控视图
        this->videoMonitorView->Initialize();
        LSLCSP::DataGridView::Funcation::ShowVideo(videoMonitor
View); //开始监控
        }
        else
        return;
    }
    }
```

后记——奥运物流

——以2016年里约奥运会、2021年东京奥运会、2022年北京冬奥会为例

奥运物流（olympic logistics）是由运输、存储、包装、装卸、配送、流通加工和信息处理等物流基本活动构成的，与举办奥运会相关的物品从供应地到接收地间的实体流动过程。尽管奥运会的赛程只有短短十几天，但由于奥运物流包含赛前、赛中及赛后三个阶段，每一阶段都要承担不同任务，应对可能出现的多样性需求和各类突发状况。因此，奥运物流的时间跨度远不止短短十几天，所涉及的人员、地域、市场需求也十分复杂、广阔。而又由于奥运物流是奥运会顺利进行的重要支撑，每一个环节都必须确保万无一失。与其他领域的物流不同，奥运物流具有自己的鲜明特色。奥运物流的内容可以从服务的客户群、与奥运赛事的关系、地域范围、时间范围、服务形态、服务项目内容等不同角度进行分类分析，从而形成奥运物流构成的多维立体架构，每一维分类实际上提出了一个奥运物流的管理视角，从而也说明奥运物流管理的复杂性。

一、奥运物流的特色

特色1：集中性

据历届奥运会的资料证明，一般奥运会的开幕式和闭幕式期间，运动员、观众、记者以及场馆设备、新闻器材等在空间上会更加集中。注意到奥运物流的集中性难题，在规划物流系统的时候，要做到在空间上合理分配物流资源，这样既能降低物流成本，又能满足物流需求关系。

特色2：不确定性

奥运物流需求具有很大的不确定性，在奥运会举行期间，有许多与物流有关的意外事件发生，而且这些事件发展迅速，需要尽快解决。物流管理者制订物流工作计划是一件比较难的事情，不仅要掌握基本的计划方法和能力，最重要的是要充分考虑计划失灵的各种情况。以亚特兰大奥运会为例，那届奥运会在举办期间只能确定40％将会发生的物流活动，而其余60％的物流活动均为未知事件。一般奥运会举行期间，40％的仓库空间用来储存所有的比赛器材，余下60％的空间用来储存未知的物品。由于需求的不确定性，物流管理者必须不断重新设计仓库物品的摆放以适应新的存储需求。

特色3：安全性

由于奥运会的特殊性，奥运物流需求的客体——赛事物流中的比赛器材、新闻器材、生活资料等几乎都是关键物品，要求高度的安全性。例如亚特兰大奥运会上，85％的运动器材来自国外（里约估计更甚），由于产地与消费地相距甚远，这些运动器材一旦损坏很难快速找到替代品，势必影响比赛的如期进行。计算机、无线电广播设备等高科技产品由于价值高，并且涉及信息保密，也要求高度的安全性，需要使用条形码记录和跟踪。

特色4：阶段性

奥运物流系统在时间上具有阶段性，一般可分为建立、再供给和回收。建立阶段，物流人员的工作比较繁忙，场馆物流经理控制订单处理，向奥运会的主仓库提交设施器材的订单，设置运输计划表；再供给阶段发生在奥运会比赛期间，物流活动主要是再次运进一些消费品，工作人员工作量很小；回收阶段发生在奥运会比赛之后，是三个阶段中最繁忙的一个阶段，回收阶段需要把所有从奥运主仓库运来的设施器材运回。如何合理调度人手是很大的考验。

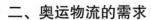

二、奥运物流的需求

1. 食品物流

奥运会期间，运动员和观众不仅数量大，还来自不同国家（地区），饮食习惯存在差异，所以大批量、多元化的食品需要物流完成配送。一方面要满足4R供应原则（准确的品种、准确的数量、准确的时间和准确的地点)，另一方面要保证食品的质量和安全，满足不同的温度、湿度、氧气浓度的要求。

2. 医药及防疫物流

奥运会期间，出于运动保护、安全应急等需要，将产生大量、多样的医药和医药器械物流。例如，2008年北京奥运会运动员专用的药品就有128个品种。这些药品、医药器械基本都是从厂家直接采购，不经过中间环节，所以对物流的及时性、可追溯性要求很高。

在疫情防控期间的奥运会上，主办方、代表团、观众的疫情检测和防控防治将会成为奥运会的常态。为此形成的防疫物流保障将会成为大型赛事活动的重中之重，包括支持疫苗、核算试剂、药品、防护服、口罩、测温设备等，甚至应对聚集活动引起疫情爆发的方舱建设的物流保障。

3. 花卉物流

奥运会期间，场馆内外少不了花朵的装饰，颁奖仪式也少不了花束的点缀，那么鲜花的运输、配送自然是一个重要环节。例如，2008年北京奥运会使用的颁奖花束就接近3 000束。而这些花束，都是根据当天颁奖活动需要，按数量现摘，每朵花的直径、花茎长度、搭配绿叶基本一样，通过冷藏方式在准确的时间送到准确的地点。

4. 场馆物流

奥运会的举办离不开各大体育场馆，包括竞赛场馆、训练场馆、非竞赛场馆等。奥运会的赛事场馆众多，为顺利保障赛事活动举办、观众观赛和疫情防控，将会产生大量的物资供应物流需求，特别是在开闭幕式这样的大型活动现场。加上疫情原因，还需要组织防疫物资保障现场疫情防控。例如，北京奥运会仅竞赛场馆就有37个（其中，31个在北京，奥运会结束后保留了25个）。这些场馆和其承担的赛会活动，就有了大量的物资供应、流转需求，还有开闭幕式、赛事所需要的设备仪器转场。而这些物流业务，既要保障效率，更要强化安全。

5. 寄递物流

奥运会期间，众多的运动员和观众会携带大量的行李以及运动员的比赛器械、用具等，加上奥运会对纪念品、特产等消费品的明显拉动，在奥运会前后将产生大量的寄递物流需求。比如，在东京奥运会开幕前，亚马逊日本站在日本政府采取管控措施情况下依然出现爆仓，其仓库预约率受到影响，仓库货物的上架速度、货物送达时间均不同程度的变慢。另外，运动员比赛物资的寄递也存在不小挑战。比如，对于参加撑竿跳、标枪、自行车、皮划艇、帆船、马术等项目的运动员及参加残奥会的运动员来说，需要携带大量的比赛装备到比赛地，特别是马术比赛需要的马匹、物资等重量可达数吨，都需要在规定时间送到指定地点，以保障备战训练按计划开展。而传统做法多是提前数月通过海运将比赛物资运往比赛地。

可以说，物流是奥运会的生命线，虽然我们不能直接看到，但是一旦物流保障出了问题，奥运会就会有停摆危机。

案例1：

2016年里约奥运会

第31届夏季奥林匹克运动会于2016年8月5日—21日在巴西的里约热内卢举行，里约奥运会承担物流运输任务的是巴西本土的物流公司：巴西邮政，这是一家历史可追溯至17世纪的国营邮政企业。里约奥运会物流具有如下特点：

1.智能化操控。此次里约奥运物流最大的创新在于大量移动终端的应用。巴西邮政将许多操控职能植入到了智能手机当中，物流人员可通过手机终端，在场馆完成关键流程操控。

2.随处可见"中国制造"。本届里约奥运会物流系统中有大批基础设施均由中国制造，如奥运会工作人员的制服来自中国品牌"361°"。而为了倡导绿色奥运、绿色物流的理念，本届里约奥运会开幕前夕，巴西邮政特别采购了一批纯电动物流车用于城市物流"最后一千米"，而这批车辆同样是来自中国的品牌：比亚迪T3纯电动物流车。

赛前物流：数十万份物资 里约如何玩转?

奥运会正式开幕前，需完成基础设施、场馆建设用品、运动器材、媒体器材以及生活资料的运输、仓储等物流活动。奥运物资数量有数十万。奥运会赛事方面使用32 000个乒乓球、400个足球、8 400个羽毛球、250辆高尔夫球车和54艘船。此外，作为奥运史上最大的奥运村，里约奥运村内的基础设施包括80 000把椅子、70 000张桌子、29 000个床垫、60 000个衣架、6 000台电视机以及10 000部智能手机。奥运会比赛期间还将建200多千米的安全围栏，这一长度足以环绕里约南部用于赛艇和皮划艇比赛赛场27圈。这些还只是此次里约奥运物流转运物品中的一部分，这些琐碎且数目庞大的物资，需要强大的仓储及运输系统作为支撑。

仓储面积超100 000 m²，2 000余名员工保障运转。而为了储存这些物资，本次里约奥组委启用了2个仓库：一个位于里约西部，面积约为15 000 m²，储存奥运村内的家具，组装设施的器材及相关配件；另一个位于卡希亚斯公爵城，临近赛场，面积约为90 000 m²，储存赛事所需的器材和用品。这两个仓库的存储架高达21 m，相当于7层楼高，仓库在任何时间都具有装载和卸载120辆卡车货物的能力。此外，奥运会还将使用14 000支箭，并需要清除7 770公斤马粪。另外，有2 000余名员工将投身于里约奥运物流的运转工作当中。里约物流总监卡洛斯·德鲁卡赛前接受记者采访时就表示，赛前奥运物流工作最繁忙的时期在2016年4月—5月，而6月—7月的主要任务是完成运动器材的转运。

赛中物流：全民的奥运，全民的物流

由于奥运会的特殊性，奥运赛事举办期间的奥运物流将不仅仅局限于与奥运相关的物流活动。这一时期的奥运物流不仅仅只是为奥运赛事提供后勤保障，还将服务范围扩大，主办城市及其他赛区的物流、生活物流、商业物流都将被包括在内。不过，奥运会作为国际性重大赛事，与奥运赛事无关的物流活动还是需要为奥运会"让路"。里约奥运会开幕前不久，巴西邮政已经发布公告称：7月19日—9月20日期间，寄往里约热内卢的邮件包裹派送或会延误。

赛后物流：逆转"赛前"，任务艰巨

奥运会全部赛程结束后，比赛场馆、奥运村、新闻中心内相关物品的清理回收、废弃，以及各类器材回程物流均需要在短时间内完成，虽然是赛前物流的逆向，任务同样艰巨 。这些艰苦的工作在奥运会开幕前几个月就已经开始，但不会随9月18日的残奥会的闭幕而结束，会一直持续到12月份。3 000万个集装箱装载的各种形状、大小和重量的货物，将被送回它们的来源地，以重新使用和回收。

案例2：

2021年东京奥运会

运输物品很花哨

来自205个国家和地区的运动员，成千上万吨的设备和补给，数周甚至数月前打包好的成百上千个集装箱正抵达东京和横滨的港口，更多集装箱通过空运抵达日本。所有这些集装箱都必须卸货、运输，完好无损地在

正确的时间运到正确的地方。运往日本的集装箱里装满了床垫套、床单、毛毯、枕头、枕套和毛巾等日常用品，供在东京奥运村居住的运动员和官员使用。东京奥运村由21栋高层住宅楼组成。

由于东京的气温预计将超过30℃，新西兰代表团带上了防暑降温背心、冰沙机和喷雾风扇——还有变压器，以确保所有设备都能接入当地电力。大多数代表团会带上恢复体力的饮料和小吃包，但都各行其是。例如，英国代表团的装箱清单上有4.5万袋茶包和8 000个麦片粥罐头。

接下来是高性能体育器材。船、独木舟、桨、冲浪板和自行车占据了很大空间。格斗项目的运动员会带上垫子和练习拳击用的沙袋——这些物品都相当重。各种球类、飞镖、撑杆、球拍、手套、滑板、剑、高尔夫球杆——每种运动都有与之相关的专门装备。还有成千上万件队服——鞋子、衬衫、短裤、套头衫、长裤、夹克、袜子、帽子和头盔等。

"最后一千米"很重要

东京奥运会还有一个新名词：新冠相关物品。

各个代表团正在运送超过100万个一次性口罩、防护衣和鞋套以及成堆的酒精喷剂和免洗洗手液。澳大利亚奥运代表团的5个集装箱装有7.5万个口罩、544瓶免洗洗手液和4万张消毒湿巾。

大约30％的成本和70％以上的运输问题发生在"最后一千米"——也就将产品从快递公司仓库运往最终目的地的那一小段路程。东京面临的最大挑战是交通拥堵。超过3 700万人生活在东京都地区，即便在疫情防控期间且没有奥运观众的情况下，东京每天仍有很多人出行。明智的规划意味着奥运村地理位置优越。它距机场约18千米，距东京港7千米，距横滨港35千米——大部分设备将在港口卸货。奥运村方圆10千米内有包括东京国立竞技场在内的28个奥运场馆。略远处还有14个场馆，如将举办高尔夫球比赛的霞关乡村俱乐部距奥运村70千米。各国代表团带来的物品如要通过日本海关必须申报其名称、数量和价格。他们根据一份90页的文件为奥运会进出口设备办理手续。一旦清关后，运输竞技运动装备便是一项敏感任务。设备的破损或扭曲可能会妨碍运动员参赛。如果一件物品损坏或丢

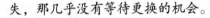

失，那几乎没有等待更换的机会。

人手不足遇大考

新型冠状病毒肺炎疫情（以下简称"新冠疫情"）对物品分发和打包装箱的影响。在2016年里约奥运会上，数以百计的运动员在各个基地排队等待领取队服。而在东京，每位运动员都必须提前告知自己的队服尺码，他们的队服需直接送到房间。其结果将是在三周内进行超过1.1万次分发到房间的服务，这还不包括退改服务。

志愿者在支持场馆服务和活动管理中发挥核心作用。在新冠疫情爆发前，东京奥运会招募了大约11万名志愿者。而由于疫情原因：有1万人退出，约8000名海外志愿者不得入境日本。东京的紧急状态可能会使志愿者人数进一步减少。

由于防疫措施严格，而且这是首次在如此复杂的情况下执行相关程序，人手不足将考验日本组织力高效的声誉。

代表团物品必须加以极其精确地追踪。例如，在主体育场举行的投掷项目中，标有数百名运动员名字的铁饼、链球、标枪和铅球将在非常特定的时间去向四面八方。资格赛一结束，就必须将不能晋级决赛运动员的装备移走并存放，留待日后送回。

案例3：

2022年北京冬奥会

兵马未动，粮草先行。北京2022年冬奥会的顺利举办离不开完善的物流保障系统。根据国际奥委会的分析，奥运会物流是和平时期物流量最大的单体活动，而冬奥会是全球范围内规模最大的冬季体育赛事。从北京2022年冬奥会官方获悉，冬奥会赛事物资涉及两地三赛区40余个场馆，55个业务领域，28个类别，品类繁杂，数量巨大，赛事中不可或缺的场馆体育设施搭建、器材设备的运输以及后勤保障等都需要强大高效的物流作为保障。北京冬奥组委物流部科学制定配备标准，精准配备物资，保证刚性需求。

北京冬奥会、冬残奥会主物流中心于2021年2月1日正式启动运行。作为北京冬奥会非竞赛场馆之一的主物流中心位于北京天竺综合保税区，包含库区、卸货区、综合办公区及辅助用房等功能区域，是奥林匹克国际物流往来的主要仓储物流基地。该场馆承担着为北京冬奥会提供绿色、高效、安全的物流保障任务，主要为冬奥会相关的家居白电器、技术设备、体育器材、服装等办赛物资提供存储、配送物流服务，并为内外部客户提供通关协调、总体配送计划编制等服务。

这个物流"大本营"的作用不可小觑。据京东物流工作人员刘珺妍介绍，主物流中心占地面积45 000 m²，总建筑面积81 000 m²，其设计采用"2+1+1"的建造模式，分为南北A、B两片库区，各有约30 000 m²，并由1个盘道和1个卸货平台相连，货运车辆可通过东侧盘道直接到达各层卸货平台，高效快捷，可满足赛事期间高频率、大规模的物流需求。

特色1：安全防疫——强规范、重消杀

疫情增加了供应链的不确定性。北京冬奥会物流保障工作在高效运转的同时保障防疫安全，北京冬奥组委制定了物流服务新冠肺炎疫情防控实施方案，强调人、物、环境、设备四方面同防，每个环节都有多轮次监测和消杀，且一直持续到赛事结束的赛后物资回收阶段。以主物流中心为例，主物流中心严格落实疫情防控措施，由北京顺义区疾病预防控制中心的专家入驻，负责场馆防疫相关工作，对货物、车辆、人员严格分区域管理、分流线管理，避免交叉接触。所有货物入库前，严格查验入场手续，在库外指定区域进行全面消毒。对于进口货物和来自国内中高风险区域的货物，还进行新冠核酸的抽检，手续齐全、核酸检测结果阴性的货物方准许入库。货物卸完后再进行二次消杀。所有货物进入库房后，工作人员对货物、货架、库内环境进行常规消毒。货物出库后，还会再一次对货物进行彻底消毒，从而保证其他场馆可以安全放心地接收货物。人员方面，所有入驻物流中心的入境人员均实行闭环管理，每日进行核酸检测和健康监测，并对其生活、工作环境进行每日监测和消毒。

特色2：绿色奥运——新流程、新设备

在主物流中心的场馆通用家具样品展厅内看到，那里所有的家具都可折叠或可堆放。北京冬奥组委物流部通过科学制订计划，在确保供应安全的基础上，加大供应商直送场馆的比例。供应商直送场馆，既减少了二次运输及相关的装卸搬运，又节约了仓储空间，还保证了物流效率和效果。往届冬奥会仓储空间达40 000 m²以上，而北京冬奥会租赁仓储空间仅20 000 m²，且仍有一定空间可保证后续紧急仓储需求。

北京冬奥会物流坚持使用环保车辆和设备，张家口赛区将率先使用氢能源货车；北京赛区全部使用新能源货车和物流操作设备，并减少物流包装物和消耗品的使用。实现库内无纸化作业。此外，一些家具、白电、技术物资供应商，共同推行原包装回收再利用，在外包装上粘贴可回收使用标签，提醒人员在拆包环节注意包装的二次使用和回收，并在仓储中心、场馆内设置包装物资回收角，用于回收包装的存储和使用，并减少物流包装物和消耗品的使用。

特色3：科技奥运——无人化、智能化

物流中心的科技物流区内拥有多项物流"黑科技"。在现场，多个"地狼"机器人正在搬运赛事所需的各项物资。京东自主研发的AGV系统"地狼"机器人，通过识别地面上的二维码自动规划路径，能够自动避障、自动排队，将传统的"人找货"改为"货到人"模式，拣货员只需要在工作台等待AGV运来货物，每小时能完成250个订单，比传统方式的效率提高了3倍。冬奥会期间穿梭于赛事闭环与非闭环区的无人车以及无人配送柜等同样吸引眼球。

　　为了进一步落实无接触配送，京东物流陆续投用23套双面智能配送柜，立在闭环内与闭环外的分隔线上，通过"双面柜"的设计实现了存件、取件的双向操作，最大限度避免存、取件人的直接接触，多措并举地解决了冬奥场馆内"最后一千米"的无接触配送难题。由于有些物资是从国外运来的，用"地狼"和无人车运输配送，也保证了防疫安全。出于提升物流配送效率与降低疫情传播风险的统筹考虑，无人化、智能化是冬奥会物流保障工作的鲜明特征。

　　作为中国第一家、全球第七家服务奥运会的物流服务商，京东物流主要为主物流中心、各竞赛场馆、训练馆、非竞赛场馆及其他指定地点的场馆、冬奥村，提供物流计划制订、仓储管理、分拣、装卸搬运、简易包装等服务，也负责为奥林匹克转播服务公司提供货架、托盘等存储设备和叉车、地牛等物流设备，并协助组委会为各国代表团提供专人、专车的行李运输服务。在服务赛事的过程中，京东物流实现了供应链模式创新，打通物资种类配送上下游供应链，做到化繁为简、集约配送，让整个赛事物资供应实现高效可控；物流管控平台创新，为赛事物流搭建了智能仓储管理系统，对主物流中心和相关场馆的物资管理进行实时监控和智能调度，确保物流畅通；现场作业管理创新，通过利用无接触配送、智能配送设备，广泛使用新能源汽车，践行绿色低碳理念。

本届冬奥会为我国物流业带来了全球高水准服务的参考指标，将为物流产业高质量发展注入新的活力。一方面，奥运物流对物流的精准度、敏捷性和安全性等方面提出了更高要求，使物流企业必须提供更高标准的物流服务，尤其要在管理创新、供应链可视化、物流智能化等方面下功夫；另一方面，奥运物流除了要在物流相关设施、设备等硬件上实现"绿色化"，还要在路线规划、库存管理、配送效率、物流成本、回收物流等"软"方面下功夫，实现奥运物流全方位、多维度的低碳化发展。北京冬奥会物流服务也充分践行着"更快、更高、更强"的奥林匹克精神，借助科技的力量展现了安全高效的冬奥会物流背后数字化、智能化的力量。